T0353730

Esperanza para después del mañana

Jose Velasco

ISBN: Tapa Blanda   978-1-5065-0521-3
                   Libro Electrónico   978-1-5065-0543-5

Información de la imprenta disponible en la última página

Fecha de revisión: 04/08/2015

Para realizar pedidos de este libro, contacte con:
Palibrio
1663 Liberty Drive
Suite 200
Bloomington, IN 47403
Gratis desde EE. UU. al 877.407.5847
Gratis desde México al 01.800.288.2243
Gratis desde España al 900.866.949
Desde otro país al +1.812.671.9757
Fax: 01.812.355.1576
ventas@palibrio.com
715623

Contenido

INTRODUCCION

Gracias a Dios por la oportunidad que tengo de llegar hasta ti, a través de esta escritura que creo será de mucha bendición para tú vida, no te lo puedes perder, tiene mucha información valiosa para ti y tú familia, los tiempos están cambiando y Dios quiere que te informes de lo que está por suceder para que no te sorprendas por ignorancia de no estar informado/a. El Sabio Shaúl dijo todas las cosas son buenas, si las recibes con amor, desecha lo malo y reten lo bueno, otro sabio dice, que para ser sabio, hay que leer la escritura de diferentes escritores y estar al día con las noticias. Sócrates uno de los sabios más reconocidos dijo: "una cosa sé, que no sé nada", el sabio debe ser Humilde y sencillo, no creerse que lo sabe todo, si alguno se cree sabio, hágase como que no sabe nada. Saulo de Tarzo. 1ª Cor 3:18.

COMENTARIO

Esperanza para después del mañana.

Es una guía con muchas especificaciones que te dice que hacer en caso que suceda el rapto.

La pregunta es: ¿qué es el rapto?

El rapto, es lo que los Pastores del evangelio han enseñado sobre el regreso de Jesucristo, en todo el mundo hasta el día de hoy, con el propósito de hacer creer que Cristo esta vivo y que puede regresar en cualquier momento, a este evento se le llama también con el nombre de arrebatar, extraer, sacar, quitar de en medio, tomar para sí, algo con rapidez o con violencia, por eso se le llama "El Rapto" y el rapto es el evento más grande de la historia, donde millones de personas desaparecerán del mundo, "tras un fuerte terremoto mundial" Is 13:11-13. Ap 16:18. El rapto es lo que creemos que Jesucristo el Señor hará cuando El regrese por su pueblo la Iglesia, pero, ¿cual Iglesia es su pueblo?, ¿de cuál Iglesia se está hablando?, porque hay muchas Iglesias que creen en Él y a cual Iglesia se refieren, cuando dicen que viene por su Iglesia. Cuando hablamos de la Iglesia de Jesucristo, estamos hablando de todas las personas que han creído en él. Como su Señor y Salvador y no tienen otro medio de intercesión ante Dios, sino que toda su confianza esta en Jesucristo, su Señor, y cada día esperan en su regreso como él lo prometió, pero a este evento se le une otro y es el de la primera resurrección, si esto llegara a suceder en nuestros días, verdaderamente tendríamos un caos terrible en todo el planeta tierra y podría haber una pérdida de hasta 2,000 millones de personas sin contar los daños materiales, esto está basado en la sagrada Biblia, pero es posible que los medios de comunicación y la ciencia digan que fueron los extraterrestres los que se llevaron a esas personas que desaparecieron y causaron el terremoto para castigarnos por el mal que hemos causado al planeta tierra. 1ª Ts 4:16-17. Is 13:11. Ap 16:18-19.

RESURRECCIÓN Y RAPTO.

La palabra de Dios dice que sonará la trompeta y los muertos en Cristo se levantaran de los sepulcros primero, luego los que vivimos seremos transformados en un abrir y cerrar de ojos, tras los que resucitaron al sonar de las trompetas, no con este cuerpo animal 1ª Cor 15:44. Sino con un cuerpo angelical, Lc 20:36, como el de El Señor Jesucristo, Lc 24:38-39, el mismo cuerpo pero angelical celestial, carne y sangre no heredarán el reino de Dios, tenemos que ser más prudentes para podernos ir en el rapto, de lo contrario terminaremos envueltos en una guerra civil sin precedentes o sin cuartel, porque el odio crece cada día más sin control dentro del corazón de los seres humanos, debido el sistema de injusticias correrá la sangre en este mundo, como el agua en todos los países del mundo porque donde hay injusticia, hay muerte, llanto, dolor, odio y solo Dios puede sanar el odio.

Hablaremos un poco de la resurrección. La resurrección, ha sido un motivo de esperanza para algunas generaciones de creyentes en el Dios de Abraham, mientras que para otras generaciones ha sido motivo de burla por la duda, pero 750 años antes de Jesucristo "El Judío Isaías hablo de esto, Is 26:19, y Dn 12:2, el dice que, muchos se levantarán del polvo, ¿cómo y cuándo será esto?, no lo sabemos pero Jesús y los profetas Judíos nos dieron señales, un aumento de la ciencia y la emigración en todo el mundo, antes del regreso de Cristo el Señor, Dn 12:4. Otra señal, el regreso de Israel a su tierra, Ez 26:24, Ez 37:11. Y que el mundo estaría lleno de violencia y maldad, que sería como Sodoma y Gomorra, con estas señales cumplidas, solo esperamos el regreso de Nuestro Señor Jesucristo a la tierra, por su Iglesia, así lo prometió él Señor Jesús antes de irse de este mundo, Lc 17:24-30.

Y llevar a su pueblo a las mansiones celestiales, a donde El nos presentará ante El Padre de las luces como a sus hijos nacidos en la tierra por el poder de El Espíritu Santo, los cuales no son nacidos de la carne y la sangre, sino del agua y del Espíritu. Por otra parte dice que, Jesús nos presentará como en una boda, de hecho dice que será una boda, Ap 19:7- 9, hay una invitación para todas las personas. Jesús dijo: vayan por todas las ciudades y aldeas inviten a la gente, para que se llene mi casa y haya alegría en mi fiesta, llamen a los ciegos, cojos, mancos, a todos los pobres en Espíritu, Mt 22:8-10, ciegos son ignorantes o no preparados, cojos y mancos impotentes ante las injusticias de la vida sin tener ayuda de nadie, pobres son personas necesitadas espiritual y material, siempre están escasos de recursos. Hace dos mil años, hubo muchas resurrecciones con la llegada de nuestro Señor Jesucristo a la tierra de Israel, "los muertos son resucitados", Mt 11:5. La resurrección del hijo de la viuda de Naín, Lc 7: 13-16. La hija de Jairo un Principal de las sinagogas Judías, Mt 9:18-25. Y tenemos la resurrección de Lázaro, él gran amigo de Jesús, Jn 11:39-44. Él dijo, yo soy la resurrección y la vida, él que cree en mí, aunque este muerto vivirá, un consuelo para aquellos que pierden a sus seres queridos, por las diferentes formas de muerte sin piedad, con plagas o enfermedades, crímenes, guerras, hambrunas, accidentes, naufragios.

O sea que él tiene el poder de dar vida, él es la vida, Jn 11:25-26. Y cuando él murió, hubo muchas resurrecciones en aquel día, Mt 27:50-53, para esto tuvo que haber un terremoto, el sol se oscureció y los sepulcros fueron abiertos y muchos de los que hacía poco habían muerto se levantaron, entonces, sí llegara haber una nueva resurrección en nuestros días, también habrá un terremoto mundial, porque en todo el mundo hay creyentes en él, y hay que "despertar a los que duermen en el polvo, Is 26:19, Ap 16:18". Un terremoto tan grande cual no lo hubo jamás, desde que los hombres han estado sobre la tierra. Isaías dice que la tierra se moverá de su lugar, Is 13:13. ¿Será este el terremoto que están esperando los científicos?, para un terremoto de esa magnitud, la única forma de que ocurra, sería que la tierra reciba un impacto como de un asteroide gigante, que frene la rotación de la tierra, es como auto que corre a 70 millas por hora y de repente choca con una roca de media tonelada.

JESUCRISTO, NO ES UN MITO.

La vida de Jesucristo en la tierra no es un mito ni un cuento de hadas o invento de humanos, es una historia real que es digna de creer en él, como la única esperanza para nuestra vida y para nuestros días. El es la representación del Dios no conocido, y digo esto porque antes de él Señor Jesucristo, este Dios, no conocido, solamente hablaba con el pueblo de Israel a través de videntes, los hombres que ahora conocemos como los profetas de él Señor, hombres consagrados y alejados del materialismo, dignos de confianza, en los cuales no hay engaños para dudar de ellos, Jn.19:34-37. Dudar de ellos, seria dudar de la Biblia, que creemos que es la palabra de Dios escrita por estos hombres en diferentes épocas y personalidades. Y de Jesucristo que es él que representa al Dios no conocido "la Imagen de él Dios invisible", Jn 1:18, Col 1:15.

Se cree que las manifestaciones del ángel de Jehová son las mismas manifestaciones de él Señor Jesús hacia los hombres, excepto algunas como las manifestaciones del ángel Gabriel a Daniel, María y José, Dn 9:21, Lc 1:26-37, a estas manifestaciones se les llama Epifanías o aparición del mensajero de Dios a los hombres, Juec 2:1-5. El está en completo cuidado de nosotros y del mundo hasta su regreso, él dijo que moriría y resucitaría y eso fue cierto, según la Biblia, la ciencia y la historia, Mt 16:21, Mt 8:31, Mt 28:5-6.

Y también dijo que volverá, Mt 24:27-30, cuando El vuelva, el mundo estará en caos por la anarquía, la tiranía, la injusticia, la delincuencia, el materialismo y los placeres del mundo, que son un engaño, con lo cual las personas quieren ser felices atrayendo así la ira de Dios, Lc 17:26-30, Mt 24:38-39. Hablando de la resurrección, el minuto en que expiro él Señor Jesucristo fue tan grande que conmovió el mundo de entonces, hubo una resurrección y un terremoto muy grande, algunos de los que habían muerto hacía poco tiempo resucitaron y se presentaron a muchos en la ciudad, Mt 27:50-53, y por cuarenta días después de haber resucitado, él Señor estuvo con su gente, hasta que fue llevado a la partes más altas del universo, Hch 1:9-11, de donde esperamos su regreso, Fil 3:20-21. Esta esperanza ó visión del futuro, la esperanza es la visión de mejores días es la que ha mantenido vivo al pueblo de Dios y de que nuestra ciudadanía no está en la tierra si no en el cielo, de donde esperamos al Señor Jesús.

Así que, no importa como vivamos en este mundo, ni de que podamos morir, no hay que desanimarse por los problemas de la vida, antes bien somos más que vencedores, por medio de El Señor Jesucristo, solo sabemos que cuando él venga nos levantará del polvo o de donde quiera que estemos en el mundo y nos llevará con él, así que sea que muramos o vivamos, del Señor somos, creemos en su palabra, creemos en su regreso, creemos en todo lo que él dijo ser, no puede ser invento humano, creemos en su divinidad y en que él es infalible y que es la verdad, la propiciación por nuestros pecados, no importa que algunas personas duden de él. Nosotros confiaremos en él y esperaremos por su venida.

Después que él se fue, todos sus seguidores han estado hablando de su regreso, 1ª Ts 4:16-17. El Apóstol Pablo, uno de sus seguidores más aferrado en la fe en él, es el que más habla de su regreso y anima a todos los creyentes en él, a no perder la fe en él Señor Jesucristo, que lo sigan haciendo sin temor, hasta que el regrese y eso es lo que se ha hecho hasta el día de hoy, Fil 3:20. A pesar de toda la oposición en contra de las buenas nuevas de salvación, que es el evangelio de nuestro Señor Jesucristo, se ha hablado en público que Jesús es El Señor, que él vuelve pronto, en el último siglo, se ha hablado mucho del fin del mundo, de mega desastres, hasta han dado fechas exactas muchas personas, pero nada de eso ha sido cierto gracias a Dios, pero de que el fin del mundo llegara un día eso es inevitable, 1ª P 4:7, Ez 7:5-7. Creemos que el fin del mundo podría llegar al final del milenio del Mesías Príncipe de Israel, Ap 21:3. Que es él mismo Señor Jesucristo, quien tiene que gobernar en Jerusalén después de la gran tribulación, Mt 24:21, entonces tendremos la segunda resurrección, Ap 20:12-15. Quiere decir que habrá una 1ª resurrección esta es la que puede suceder en nuestros días, según las profecías de los profetas y de el Señor Jesucristo, de esto es que estamos hablando, qué podría suceder, y se dé el rapto de la iglesia, esto sería el comienzo del caos mundial. 1ª Ts 4:16-17.

TRIBULACIÓN ANTES DEL REGRESO DEL SEÑOR JESÚS

Antes del regreso de nuestro Señor Jesucristo. El mismo dijo que habría muchas guerras, hambrunas, mucha delincuencia, terremotos, cómo nunca antes. Mt 24:6-7,12. "Falsos Profetas que vendrían en su nombre", Mt 24:4-5,24, pero que todavía no será el fin, sino un principio de dolores para muchas personas quienes han sido víctimas de el atropello de la guerra y la delincuencia, la tiranía, por los que tienen algún poder, en la rama de jefes o patrones, o por los falsos lideres que tienen apariencia de buenos pero aman el dinero y la fama, no les importa el dolor de los necesitados y desamparados, esto es común en los países del tercer mundo y también esto ya se ve en los países ricos como los EE.UU. y los países de Europa, que han sido países más seguros siempre, pero hoy más que nunca, necesitamos que Jesucristo vuelva como lo prometió, ven pronto Señor Jesús, ya no hay seguridad en ninguna parte, los gobiernos aseguran que todo está bajo control, que todo está bien, pero en realidad la situación es otra.

Lo que se hablo acerca del Mesías de Israel, el cual es él Señor Jesucristo, se cumplió cuando él estuvo aquí en la tierra de Israel, su nacimiento, su vida, su muerte y su resurrección, Is 9:6, Sal 2, Zc 9:9. Creemos que también se cumplirá lo que se escribió acerca de su regreso. ¿Ya todo está cumplido?, ¿que mas podemos esperar?, solo en su misericordia y bondad, que nos ayude a soportar las penas de la vida con paciencia y ser justos con las demás personas, no perdiendo la fe, el amor y no dejando de congregarnos, como algunos tienen por costumbre, sino que perseverando para que cuando se manifieste él, seamos felices con él para siempre.

EL GRAN DÍA DEL RAPTO.

El día del rapto o de la primera resurrección, una parte del planeta estará oscuro y la otra parte tendrá luz, es así como lo conocemos, según la Biblia y la ciencia, porque en el día el sol da luz, en una parte del planeta, por eso fue que Jesucristo él Señor, dijo estarán dos en una cama, él uno será llevado y el otro será dejado, dos estarán en el campo de trabajo, uno será llevado él otro será dejado, Lc17:34-37. El está hablando de los que trabajan en el día y de los que duermen en la noche según su tiempo, no como hoy se conoce la vida en las grandes ciudades.

En aquel tiempo no se trabajaba de noche como hoy en día lo vemos, porque no había energía eléctrica como hoy, lo que produce luz y formas de trabajos, gracias a Dios, si mientras éstas durmiendo con tu familia, escuchas un gran ruido, la casa se mueve con violencia, la luz se apaga, escuchas gritos en la calle, mantente tranquilo, no te muevas, a menos que se haga un incendio en tu casa, asegúrate que tu familia este bien, debes saber que todos los niños menores de 12 años, hijos de cristianos él ó ella se van en el rapto con Cristo Jesús. De esto estaremos hablando más adelante, solo tienes que asegurarte que todo esté bien donde tú vives, esa noche será la noche del terror más grande y oscura, para toda la humanidad, lo demás lo descubrirás más tarde. Mantenga lámparas de mano y fósforos o mechas para encender fuego, por si esta frío al alcance de todos y de usted, porque la noche esta avanzada ya y él que ha de venir vendrá.

LA NOCHE MÁS OSCURA LA DEL RAPTO.

Esa noche será la noche más oscura para el mundo, porque es el planeta entero que ha temblado, Is 13:9-13, Ap 16:18-19. Es probable que esa noche, la luna no dará su resplandor debido a que el Sol se oscurecerá, como una señal de que Dios nos abandonó, no sabemos la realidad si será un eclipse de varias horas o es que el sol perderá su fuego, más bien podría ser un eclipse, que un planeta se cruce entre el sol y la tierra, por una horas porque nada sucede si no es la voluntad de Dios, como el sol es el que calienta a la tierra, con un eclipse de esa magnitud el planeta se enfriaría y las partes más calientes se sentirían muy frías, las redes eléctricas serán rotas en todos los lugares, es posible que las estaciones de suministros se dañen severamente, no habrá luz, porque no habrá electricidad, ni agua, ni gas, las tuberías estarán rotas y grandes incendios en las calles y casas por las fugas de gas, esto ya lo vimos en las noticias terremoto de San Francisco, el terror será grande para las personas, no estoy metiendo miedo, sino advirtiendo para tú seguridad porque el tiempo ya esta avanzado y en cualquier momento podría suceder.

Los teléfonos y otros utensilios no funcionaran por lo cual habrá una confusión enorme en todas las personas, las fugas de gas serán un peligro de incendios, es posible que con ese temblor los mares se salgan de su cauce, las ciudades costeras serán tragadas por el mar y las personas que queden vivas, estarán con gran temor y confundidos por "el bramido de el mar", Lc 21:25. Las carreteras estarán rotas, no habrá tráfico aéreo, marítimo, ni terrestre, por algún tiempo, la pesadilla habrá comenzado en todo el planeta tierra, todo el planeta estará hundido en un caos terrible. ¿Qué debemos hacer para ser salvos?, ya que su irá no se detendrá, él Apóstol dice "cree en él Señor Jesucristo y serás Salvo", Hch 16:31, Jn 3:16-17.

EL CAOS EN LAS CIUDADES.

El ruido que se escuchara será muy fuerte, son las trompetas. 1ª Ts 4:16, Ap 16:18, Ap 16:9.

Las ciudades grandes se caerán Ap 16:19. Vive Usted en una ciudad como estas mega ciudades donde el caos será terrible según Ap 16:19. Los estudiosos dicen que, ese día los que queden vivos saquearan los negocios, para acaparar lo que puedan, para sobrevivir mientras se sabe que paso, las agencias de seguro y los bancos se declararan en quiebra al ver tanto desastre, será el colapso económico más grande de la historia, por eso es que en los países desarrollados, los ricos se están preparando para ese evento, con bunkers, armas, vehículos y comida, hasta por 5 años, mientras la otra parte de la humanidad no tiene las mismas oportunidades, por los recursos, será un momento terrible.

Después de ese día, viajar será un reto por que las personas estarán armadas en las ciudades pequeñas, se están protegiendo de los invasores ó extraños de todos los países del mundo. Los EE.UU. es el país más armado por los ciudadanos y existen grupos de racismo dentro de él, las bandas de delincuentes merodeadores en caminos y carreteras sin control policial debido al caos, estarán haciendo de las suyas, todo el que caiga en sus manos lo mataran, Is 13:14-15, como la emigración a cubierto las ciudades de las naciones, todos al no tener noticias de sus seres queridos, regresaran a su tierra, exponiéndose al peligro, Is 13:14, Jer 50:16. La señal del rapto será conocida, el terremoto, el apagón del sol, muchos de los que eran cristianos no estarán en sus casas habrán desaparecido, los teléfonos no funcionaran, si esta frío morirás de hipotermia, si está caliente tendrás oportunidad de escapar a las montañas, para sobrevivir como lo dijo él Señor Jesús, huyan a los montes como Lot.

EL VIENE POR SU PUEBLO.

Así será el día del regreso del Señor Jesucristo, todos los cristianos que hemos creído en el, judíos y gentiles le hemos recibido como nuestro Señor y Salvador. Jn 1:11-13, Ap 5:9. El es nuestro Sumo Sacerdote, él cordero de Dios que quita el pecado de el mundo, la propiciación por nuestros pecados, nuestra esperanza de gloria, esperamos que él se revele a nosotros el día predicho. Hb.9:28, Hb 12:2. Lo estamos esperando que vuelva pronto, como lo prometió, en su primer viaje aquí a la tierra, pues de aquí a poco, ya no se podrá estar seguro en ningún lugar de la tierra, las armas en las cuales los hombres han puesto su confianza para defenderse, será su propia trampa, las autoridades trataran de recogerlas, porque siempre habrá gobierno y autoridades como hoy y los delincuentes las andarán buscando, por un arma mataran al dueño, si tienes un arma lo mejor es que la entregues.

Con la llegada de Jesucristo a la tierra como un relámpago. Mt 24:27, el cristianismo terminara, y ninguna iglesia abrirá sus puertas después de ese momento para explicar que fue lo que paso ó seguir predicando, pues solo quedaran los tibios, los religiosos, incrédulos, los comunistas, los socialistas, los ateístas, los racistas, los materialistas, los cuidadores de animales, los afeminados, las lesbianas, y los que buscan placeres. 1ª Cor 6:9-10. ¿Buscad primero el reino de Dios y su Justicia? la gente vive como si nada pasa, a esto Jesucristo lo llamo tinieblas o ignorancia, ignorar el peligro, cuando tu sabes que hay peligro es ser ignorante, el proverbista dice que el sabio ve el mal y se aparta, más el necio sufre el daño.

QUE PASARA CON LA MADRE IGLESIA

Hablando de que el cristianismo terminara ese día, ¿que pasara con la Madre iglesia?, como lo dicen los hermanos separados católicos, ese día la Madre Iglesia que está en Roma, será destruida y quemada como muchas ciudades del mundo, ¿por qué decimos esto?, porque la Biblia, que es la Palabra de Dios, dice que la madre de las rameras será destruida, veamos las características de Roma, la Iglesia que se auto domina la madre Iglesia Ap.17:3-5.

Esta madre iglesia, está sentada sobre 7 montes, estos son los 7 montes de Roma. Ap.17:9. La mujer de rojo o púrpura. Ap 17:3-5. El púrpura es un color de la iglesia católica, lo usan los Cardenales. Ap 17:4. Tiene un nombre, ese nombre es tipo de el nombre de Babilonia, que es un nombre multicultural, porque eso era Babilonia, en el pasado, tenía muchos dioses y muchas culturas, en Babilonia se aceptaban todas las religiones y todo dios, siempre y cuando las personas se sometieran al imperio del Reino. Dn 3:1-7, Ap 17:5. Otra característica, que es de la iglesia católica, es que suprimió al Judaísmo, y al protestantismo. AP 17:6. Por medio de la llamada Inquisición, los protestantes son los que dicen, que el culto o el Servicio a Dios, debe estar dedicado solamente a Dios, en el Nombre precioso de Jesucristo, y en el de nadie más, dice que Roma, está sentada sobre muchas aguas, esto es pueblos, muchedumbres y naciones. Ap 17:15.

ROMA EN LA MIRA DE DIOS.

Sabemos que es Roma, porque dice que la Ciudad Reina sobre los Reyes de la tierra, sabemos que todos los gobiernos del mundo han sido fieles Católicos. Ap 17:18. Porque todos los gobiernos del Mundo han fornicado con ella, esto es que han sido Idolatras, han honrado las imágenes más que a Dios. Ap 18:3. Palabras de ella, soy como una reina. Ap.18:7. En un solo día vino su desgracia. Ap.18:8. Los Gobiernos llorarán. Ap18:9. Los sobrevivientes dirán en una sola hora fue destruida. Ap.18:10. Lamentablemente, la Iglesia católica, es una de las instituciones religiosas que a lo largo de los siglos cometió grandes atrocidades con los judíos y cristianos protestantes, que decían que solo Jesucristo es él Señor. Ap 17:6, y que solo por la fe se obtiene salvación en él, no por las indulgencias, Martín Lutero lo dijo así.

Desde Europa Gobernó, casi la mitad del mundo, con una religión llamada el cristianismo, como la religión verdadera, el problema era que todo el que no adorase a maría y a los santos canonizados y comprara las Indulgencias como el único medio de Salvación, debían morir. Las muertes eran a través de torturas, ahorcados, quemados, apedreados, crucificados, por medio de la llamada Inquisición. Hitler aprovecho y prometió, acabar con los masones Judíos, siendo los Judíos un pueblo indefenso sin patria, e inmigrantes, el pueblo Germano o Alemán como lo conocemos, capturó y mato, a hombres mujeres y niños Judíos, sin misericordia y decomiso sus bienes, así se cumplió la Profecía de Ez 3:7.

LA NACIENTE NACIÓN DE ISRAEL.

Esto lleno la copa de Dios, y el mundo no hizo nada para detener esa masacre, los Norte Americanos horrorizados por lo que vieron, emprendieron una campaña para ayudar a los Judíos que volvieran a su tierra, así es como tenemos hoy el estado de Israel, Nación soberana y poderosa. Dios bendiga a Israel, los sobrevivientes del cataclismo llamado el rapto y la resurrección, con el regreso de Jesucristo como ladrón en la noche. 1ª Ts 5:2. Estos son los que vivirán el verdadero Apocalipsis, del cual se ha estado hablando, que viene como el fin del mundo, pero este evento no es el fin del mundo, es el fin de la gracia de Dios, por medio de Jesucristo para el mundo, la gracia es el favor de Dios, para toda persona que ha vivido en este mundo, a partir de la muerte y resurrección de Jesucristo, hasta el día de hoy. Jn 3:16,17. Ef 2:8.

Esta gracia termina con el regreso de él Señor Jesucristo, 2ª Tes. 2:1. Y luego comenzará la gran Tribulación. Mt 24:21. Los estudiosos dicen que podrían ser siete años, basados en la última semana de Daniel. Dn 9:25-27. En realidad podrían ser tres años y medios, mil doscientos sesenta días, estos tres años y medios son más que suficiente, para acabar con casi cuatro mil millones de personas que quedarán en el planeta después del rapto, con grandes tormentas, huracanes, tornados, terremotos, incendios, delincuencia, y pestes, como nunca, sin atenciones medicas, será el panorama más horrible que persona alguna, haya visto jamás, en los últimos siglos, esto no es una exegesis, es una realidad que tendremos. Mt 24:21.

VIVIENDO EN LA GRAN TRIBULACIÓN.

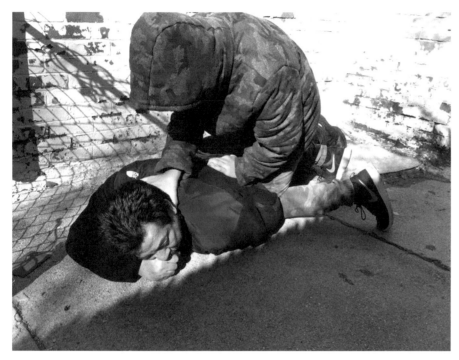

No se podrá trabajar, por lo cual habrá una gran hambruna en el planeta. Ap 6:7-8.

Espada es guerra, Hambre es falta de comida, mortandad es plagas o epidemias, enfermedades sin cura, fieras, hombres sin temor de Dios, entrenados para matar y destruir a otras personas con las cuales no estén de acuerdo en algo, puede ser por el color, credo, o nacionalidad, probablemente quede muy poco tiempo para ese momento, a hora mismo todos los hombres se están cargando de odio, en todas partes del mundo, los gobiernos se lavan las manos como Pilatos, diciendo que están ayudando al pueblo, pero en realidad lo único que están haciendo es cargando mas y mas, con los impuestos, y aplastando con la policía toda protesta para infundir temor al pueblo, eso mismo paso en Israel después de la muerte de él Señor Jesucristo; se hacía antes de él, pero después de su muerte fue peor.

Las señales en el cielo, y la multiplicación de los Infieles, para ser destruidos. Sal 92:7. El regreso de Israel a su tierra, la que les fue dada durante el éxodo de Egipto a Canaán, aproximadamente 3800 años. Ex 12:51. Israel vivió ahí hasta el 70 después de Cristo, cuando fue invadido y destruido por completo, los que quedaron vivos fueron desterrados y esclavizados, los niños fueron vendidos cambiados por una botella de licor o por una prostituta. Joel 3:3. Israel regreso a su tierra en el tiempo exacto, como la profecía lo decía por sus profetas, que después de dos días o dos mil años. Os 6:2. Regresaría a su tierra, para que cuando su Mesías venga de nuevo lo reciban en su tierra y le adoren para el Señor, un día es como mil años y mil años es como un día. 2ª P 3:8. Ez 37:12. Israel tiene que estar en su tierra. Para el regreso de Jesús él Señor.

EVENTOS ANTES Y DESPUÉS DE EL RAPTO.

Recuerden que el regreso de Jesús él Señor antes del comienzo del 7º milenio se da en dos eventos, uno como ladrón en la noche, 1ª Ts 5:2. Y dos como Rey de Reyes. Mt 24:29-30. Ap 1:7. Ap 17:14. Ap.19:16. Para el regreso de Jesús él Señor como Rey, toda la tierra estará en caos, mucha gente irá a vivir a Israel, se cree que la tierra de Israel será la tierra más segura en el mundo, solamente los Judíos, tendrán control y seguridad de su país y de su gente, porque el Dios de Israel a través de Miguel, el gran Príncipe, protegerá al estado de Israel. Dn 12:1. Ap 12:7. Los ricos de las naciones deberían comprar tierras y casa en Israel hoy que están baratas, en lugar de fortalezas y armas para lo que ellos llaman el fin del mundo, esas fortalezas no servirán en la gran tribulación porque se destruirán con el terremoto y solo servirán para guarida de los delincuentes. Los gobiernos de las naciones dirán que todo está bajo control engañando a la población, porque la realidad será otra, algo parecido a la primavera árabe, protestas, asesinatos, masacres, violaciones, necesidades, dolor y angustias de las personas sin Dios y sin esperanzas.

Bandas de merodeadores, en carreteras y ciudades en todo el mundo. Estados unidos y Canadá no serán la excepción para ese tiempo, los judíos han alcanzado un nivel muy alto de conocimientos de la ciencia, pero el Profeta dice que también Israel alcanzara parte de la ira de Dios, un terremoto matara a siete mil hombres y gran parte de la ciudad se derrumbara. Ap 11:13. Esto es posible que pasara, porque Israel aceptara al falso Mesías, quien con el poder de Satán, les engañara haciéndoles creer que es el Mesías verdadero, y matara a los dos profetas, que son los ojos de Israel para ver y oír, lo que los gobiernos de diferentes naciones estén planeando contra Israel para destruirle. Ap 11:7-8. Sal 83:3-4.

PROFETAS EN LA GRAN TRIBULACIÓN.

Estos dos profetas o testigos de Ap 11:3-14. Son los ojos y oídos del estado de Israel, en el tiempo de la gran tribulación, por 42 meses, ellos escucharan y verán cuando los enemigos de Israel se reúnan para destruirle, ellos entonces harán llover fuego sobre los Príncipes. Sal 83,1:3-5. Sal 83:11-14. Ap 11:5. Esto es que solo dirán una palabra y caerá fuego sobre cualquier ciudad del mundo donde estén reunidos, haciendo planes para atacar a Israel, estos dos testigos pelearan sin armas por cuarenta y dos meses y después morirán, al tercer día se levantaran subirán al cielo delante de mucha gente, de ahí en adelante Israel estará en las manos de su falso Mesías, quien hará la paz, con los árabes y Judíos, se acabarán las bombas y los misiles en Israel, los Judíos y árabes estarán de fiesta por unos días solamente, porque después de los 42 meses algo va a pasar entre ellos y se declararan la guerra otra vez. Ap 11:11-12.

Es increíble como Dios nos revela el futuro con un solo propósito, que lo anunciemos a los cuatro vientos y el que tiene oídos que oiga, porque el Señor mando y fue hecho, hablo y su voz fue oída por toda la tierra, el Señor Jesús le dijo a sus contemporáneos, si otro viniere en el nombre de mi Padre a ese recibiréis. Jn 5:43, y eso es lo que pasara en Israel, el falso Mesías se presentará en el nombre original del Dios de los Judíos, y así les engañará en otras partes del mundo, las personas estarán muriendo, en cualquier lugar que caminemos, veremos personas pidiendo ayuda, muriendo de hambre, o de alguna enfermedad o por los criminales.

LA GRAN EMIGRACIÓN DESPUÉS DEL RAPTO.

Las personas trataran de regresar a sus lugares de origen, no importa el peligro o la distancia, pues no sabrán nada de sus seres queridos, la palabra de Dios nos dice que todos regresaran a su tierra, Is 13:14. Pero también dice que, cualquiera que sea hallado será alanceado, equivalencia ha baleado, y si es capturado morirá apuñaleado. Is.13:15. Eso es para tener una idea de cómo será la vida después del Rapto, en esos días habrá tanto temor por un lado, y mucha maldad por otro, las leyes serán quebradas por los Jueces y policías, bueno eso ya lo hemos visto antes, pero en la gran tribulación dará horror, las matanzas sucederán a cada hora, el espíritu de la mortandad se cierne en todos los ambientes, a hora mismo, eso es iniquidad.

El espíritu de muerte exige sangre, le gusta la sangre, demanda sangre, siempre demandó sangre por medio de sacrificios humanos, la única sangre que no le gusta es la de Jesús de Nazaret, le gusta que los hombres se maten unos a otros por tonterías, antes se le ofrecían sacrificios humanos por la lluvia, por las riquezas y por los enemigos se opone a Dios y a todos los que creen en Dios, mucho más a los que creen en el hijo de Dios, a quien deben de adorar, amar y honrar. Jn 5:23. Sal 2:12. Porque el hijo, es la esperanza del mundo, especialmente hoy, que el mundo agoniza, las personas buscan fama y riqueza, se han olvidado que la riqueza más grande es honrar y adorar a Dios el Padre y a Jesucristo en Espíritu y en verdad. Jn 4:23-24.

CULTO A MOLOC, EXTRAÑO DIOS.

Dios él señor, prohibió este tipo de sacrificio, a su pueblo Israel por medio de sus profetas, Moisés Rabin, Lv 18:21. Lv 20:3-5. El resto de los pueblos lo hacían o lo practicaban. Dt 12:29-31. Practicaban los sacrificios humanos y a sus hijos ofrecían a Moloc, según las gentes este Moloc; era un dios grande fuerte y enojado, que cuando se enojaba detenía la lluvia, venían enfermedades, amenazas de guerra, y para apaciguar su ira había que ofrecerle sacrificios de sangre humana.

No se conformaba con sacrificios de animales y esto lo hacían en todo el mundo, nada más que con diferente nombre, en América se han encontrado santuarios donde se sacrificaban a seres humanos, en México y Centro América por los mayas, hace 3.800 años, y por otros grupos, los aztecas, Toltecas, los Pipiles de el Salvador, los lempiras de honduras, los flecheros de Nicaragua, los comarcas de Panamá, los taína de Dominicana, los incas. De sur América y no me alcanzaría el tiempo, para hablar de otros grupos o tribus del mundo, pero el Apóstol San Pablo dice que un ídolo nada es. 1ª Cor 8:4. Y que los sacrificios que se hacen a los ídolos o imágenes, en los diferentes santuarios del mundo, no se hacen a Dios, sino a los demonios, 1ª Cor 10:19-22. Y actualmente hay un derramamiento de sangre en todo el mundo por la violencia, la droga, el odio y por unos Dólares más, que solo Dios la puede detener.

MUCHOS DESASTRES

Después del rapto, durante la gran tribulación.

Habrá muchos desastres en todo el planeta tierra, como por ejemplo, mucha lluvia en algunos lugares, que causaran grandes estragos, como inundaciones y avalanchas que sepultaran, a ciudades y pueblos enteros, en otros lugares habrá demasiado frío y grandes nevadas, el frió será tan fuerte que caerá granizo hasta de 50 lbs. Is 28:17. Ap 16:21.

El tamaño de un talento, era de 34 kg. o 50 lbs. medio quintal aproximadamente, solamente un granizo de ese tamaño, acabara con una casa o un carro, ni así los hombres se arrepentirán, ni trataran de buscar a Dios, dirán que lo que está pasando ya paso antes y que eso lo superaremos con la ayuda de Dios, que no se asusten por nada que solo es cosa de la naturaleza, que si se sienten amenazados que busquen refugio, en lugares más seguros donde haya comida y calefacción.

Creo que vale la pena tener fe, y aceptar a Jesucristo como Nuestro Salvador y viajar en el rapto, cuando él venga por su pueblo, la iglesia la cual es su cuerpo de toda tribu Nación y lengua, Tit 2:14, Ap 5:9. En otros lugares, el calor será tan fuerte, que habrá grandes incendios en los montes, y los hombres se quemaran por el calor del Sol, esto provocara grandes sequías y las sequías escases de alimentos, Ap 16:8-9, Ap 8:7.

Verdaderamente si llegara a suceder, lo que hemos estado hablando, del regreso de Jesucristo en nuestros días, será terrible para los que se queden en este mundo cruel y sin Dios, sin esperanza, sobrevivir no será fácil para nadie, aunque la palabra de Dios dice que habrán sobrevivientes en aquellos días. Zac 14:16.

OTRAS PLAGAS.

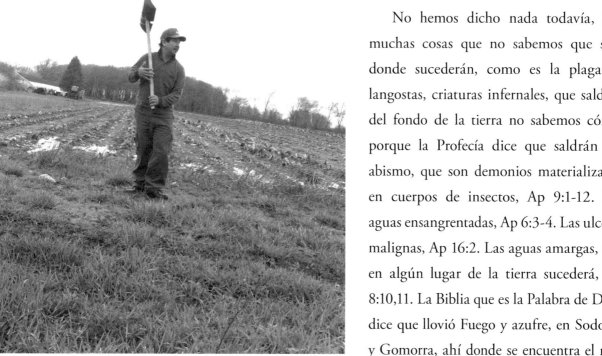

A pesar de todo lo que hemos estado hablando.

¿Qué sucederá después del regreso del Señor Jesucristo?

No hemos dicho nada todavía, hay muchas cosas que no sabemos que son, donde sucederán, como es la plaga de langostas, criaturas infernales, que saldrán del fondo de la tierra no sabemos cómo, porque la Profecía dice que saldrán del abismo, que son demonios materializados en cuerpos de insectos, Ap 9:1-12. Las aguas ensangrentadas, Ap 6:3-4. Las ulceras malignas, Ap 16:2. Las aguas amargas, que en algún lugar de la tierra sucederá, Ap 8:10,11. La Biblia que es la Palabra de Dios, dice que llovió Fuego y azufre, en Sodoma y Gomorra, ahí donde se encuentra el mar

muerto, eso era la rivera del Jordán, no había lago ahí, los Judíos lo llaman las aguas amargas cuando se refieren al mar muerto, aguas con 122 grados de sal más que el mar grande.

Cayeron ahí, lo que conocemos a hora como asteroides que convirtieron la ribera del Jordán, en un lago de aguas amargas, según algunos estudiosos, las fuentes de las aguas, podrían encontrarse en el norte del planeta, por los estudios hechos, visto desde del espacio, el norte que lo componen EE.UU y Canadá podría ser el lugar de las fuentes de las aguas, porque es aquí donde hay muchas fuentes de agua, cerca una de las otras, y tal parece que todas están conectadas, si cayera el asteroide llamado ajenjo, todas las aguas se convertirían en amargas, en menos de 7 Meses, Ap 8:10-11. Si hubiera un terremoto de 7 Grados en el norte de EE.UU y Canadá, el suelo se convertiría en una licuosixción y los edificios serían demolidos y tragados por la tierra, dice que los hombres desearan morir, pero que la muerte huirá de ellos. Ap 9:6. Mueren aproximadamente 151,000 al día. 4,530,000 al mes y en la gran tribulación la muerte huirá de los hombres por 6 meses. Ap 9:6.

EL FIN DEL MUNDO.

Parece exagerado todo esto, pero en realidad eso es lo que le espera al mundo por su maldad, en toda la tierra, muchos de los que han estado hablando, acerca del fin del mundo no saben que esto es lo que está por llegar, por eso es que no dan detalles bien claros, de lo que ellos presienten que viene, para que la gente pueda entender y buscar más de Dios y saber si en realidad es cierto o no, la Biblia dice que el mundo estará en tinieblas, pero estas tinieblas, son en realidad ignorancia, de lo que dice la palabra de Dios, la palabra de Dios; dice mi pueblo perece por falta de conocimiento, la Palabra de Dios es la única Escritura que se actualiza en cada generación, porque es eterna, solo en ella se encuentra la vida y la verdad. Os 4:6.

Lamentablemente parece que estamos viviendo los mismos momentos que vivía el pueblo de Israel, en los tiempos de Cristo habían muchos maestros, y Profetas, Doctores, interpretes de la ley, psicólogos, pero no conocieron el tiempo de la llegada del Mesías, Zc 9:9, Mt 21:9-16, Mt 23:1-8, Jn 1:11. Todos enseñaban vanas esperanzas al pueblo sobre prosperidad, en realidad lo que venía era una catástrofe para toda la Nación. El Señor Jesús les dijo, ciegos guías de ciego, Mt 23:16-24. Les estaba diciendo ignorante con titulo, que coláis el mosquito y se tragan el camello, cuando habló con uno de los maestros más reconocidos del pueblo, le dijo: eres tú maestro y no sabes esto, los maestros no enseñaban al pueblo, por eso Israel tuvo que pagar un gran precio, el de ser destruido, Miq 3:11-12, si esto sucedió con Israel el pueblo elegido, que es lo que le espera al mundo.

LO QUE PASO EN EL PASADO, VOLVERÁ A PASAR.

Eso es lo que dijo él rey Salomón, entonces quiere decir, que lo que paso en el tiempo de Noé y Lot, se puede repetir en nuestros días, si Dios no tuvo misericordia de los Israelitas, que eran su pueblo por elección, sino que los castigo desterrándolos de la tierra que les dio a sus padres, por no haber recibido y honrado al Señor Jesucristo como su Señor, ¿no castigara a los que se burlan de él y de su autoridad?, hombres sin escrúpulos casando personas del mismo sexo, y casando a otras hasta por 4 veces, mas tarde el Apóstol Pablo, tuvo que pedir ayuda a gentiles para los que estaban en Jerusalén, 1ª Cor 16:1-3. Porque había una gran hambruna en Jerusalén, los hombres se mataban por tonterías, mas tarde su destrucción, Dios se había apartado de los judíos. Mt 23:37-39, así se apartara de los gentiles.

Juan El Bautista quien era hijo de un sacerdote quien probablemente, había pertenecido al clérigo del Sanedrín asamblea de sacerdotes doctores y maestros, quien por suerte le había tocado ejercer el privilegio del sumo Sacerdote, Lc 1:8-9. Se negó a ser un fiel ministro en el cuerpo oficial del sanedrín y obtener un buen salario como los demás y vivir bien con todos los lujos de aquel entonces. Asamblea que representaba la Autoridad del templo sobre toda la nación, después del rey, era como una Corte o el Senado de la Nación, Hch 4:5-7. Este hombre, llamado Juan el Bautista, cambio la Gloria de la abundancia y la fama, por la escasez, Mt 3:4, como moisés, él le dijo la verdad a sus contemporáneos, Mt 3:7-12.Todo árbol que no de buen fruto será cortado, Mt 3:10. Como necesitamos hombres hoy día como Juan el bautista, que digan la verdad de lo que viene aunque les cueste la vida, por los religiosos, que no se vendan por nada, como Esaú, quien por comida vendió su primogenitura, un regalo de Dios que no lo pudo recuperar otra vez.

ANTES DEL RAPTO.

¿Cuántas personas se han vendido hoy día?

ahora están celebrando fiestas ilícitas y diciendo que eso no es malo, que los criticones no saben de Biblia, que no hay que ser extremistas y legalistas, dicen que Dios es amor, que el deseo de Dios es que nos amemos que seamos felices no infelices, pero han perdido la razón del verdadero amor, el amor de Dios, y que obtengamos todo lo que deseemos si está a nuestro alcance, otro de los grandes acontecimientos para el regreso de nuestro Señor Jesucristo, es que las sociedades en todo el mundo aceptaran casos y leyes, para estar en paz, y no en guerra con las personas de la llamada sociedad.

Por ejemplo: El casamiento entre dos personas del mismo sexo, el divorcio, y el re casamiento, 1ª Cor 7:10-11. Cualquiera que se vuelve a casar adultera, palabras del Señor Jesús, Mt 19:8-9, Lc 16:18. En tiempos del Señor Jesucristo habían muchas mujeres repudiadas, a las cuales se les daba una carta de divorcio, estas mujeres al no encontrar un hombre con el cual se pudieran casar de nuevo, caían en adulterio por eso encontramos casos como mujeres sorprendidas en adulterio, Jn 8:3-5, Dt 22:22, Mt 5:32. Y Pablo lo rectifica en 1ª Cor 7:10-11. El dice a los que están en matrimonio, que él o ella no se separe, y si se separa, quédese sin casar, a los que están acompañados, estos son los que no están casados, el Apóstol Pablo dice claro que el creyente él o ella, no abandone al incrédulo 1ª Cor 7:13-14. Pero si el incrédulo se separa, que el cristiano él o ella, se puede casar 1ª Cor 7:15. Entonces donde está la teoría de los pastores, que dicen si se pueden divorciar y casarse de nuevo, no hay problema, el problema lo van a tener ellos cuando se presenten ante el Señor Jesús, que cuentas le van a dar.

MATRIMONIOS DE DOS PERSONAS DEL MISMO SEXO.

¿Puedes casarte otra vez?

El caso del matrimonio entre dos personas del mismo sexo, Bíblicamente está condenado tal acto por Dios. Pablo Apóstol de Jesucristo dice, "no sabéis que los afeminados y los que se echan con varones no heredaran el reino de Dios". 1ª Cor 6:9, Ap 22:15. Antes de los cristianos, el pueblo de Israel era el pueblo de Dios, y el profeta Moisés dijo, no haya Ramera o prostituta, ni Sodomita o Afeminados, entre el pueblo de Israel, Dt 23:17. Después de Moisés Rabin, hubieron tiempos en los que se multiplicaron los afeminados y prostitutas en Israel, esto causo grandes problemas dentro del pueblo de Dios, pero se levantaron algunos gobernantes del pueblo, que acabaron con este problema del sexo libre, esto agrado a Dios y detuvo su irá, 1ª R 15:11-12. No creo que Dios se quede quieto con lo que está pasando hoy día.

El gran problema que Dios quería evitar en su pueblo era la desgracia que hoy conocemos y tenemos como el aborto y el trastorno de que una persona, crezca con nuevo Papá y Papá o con Mamá y Mamá, el resto de las personas con Papá y Mamá, como Dios los creo al principio, barón y hembra los creo Dios. Mt 19:4- 6, Gn 1:27-28. Y les dijo creced y multiplicados, esto no lo pueden hacer dos personas del mismo sexo, entonces porque lo están aceptando los letrados, y los grandes líderes del pueblo de Dios, esto no es otra cosa sino el fin del tiempo de la gracia de Dios, para dar un cambio en todo el mundo a la sociedad.

QUÉ PASA CON EL SIGLO 21.

La sabiduría de los sabios de este siglo se ha entorpecido, el sexo libre nos deja una larga estela de vergüenza, ¿el aborto?, el aborto es el producto de tener sexo antes o fuera del Matrimonio. Gal 5:19. Estos dos casos en la Palabra de Dios, que está en la Sagrada Biblia, se le llama pecado. Rm 6:22-23. Y el pecado es un delito en el reino de Dios, y Dios no se va a quedar de manos cruzadas, sin castigar a los culpables, aunque él es un Dios de amor, castigará a los culpables, como en cualquier nación donde tú vivas, si cometes un delito serás enjuiciado y castigado, por ese delito cometido.1ª Cor 6:9. Así las personas están destinadas al fuego eterno, si no se arrepienten. Mt 25:41. Y aceptan a Jesucristo, como su Señor y Salvador por la fe y tener confianza en él. Jn 1:12. Como él que puede ayudarte en esta vida y en la otra.

El problema que muchos no entendemos es que todos necesitamos un abogado, para que nos defienda del acusador, que es un fiscal, que quiere que vayamos a la cárcel a pagar por los delitos cometidos, en el caso de nuestro Señor Jesucristo, él es nuestro Abogado, la propiciación por nuestros pecados, 1ª Jn 2:1-2. Rm 8:34. Nuestra confianza no está en nosotros, sino en él Señor Jesucristo, y en su palabra, que nos dice, cree en el señor Jesucristo y serás salvo tú y tú casa. Hch 16:31. Esa es nuestra confianza, y creemos en su palabra, él dice, creéis en Dios, creed también en mí.

ENSEÑANZAS QUE TE PUEDEN PERJUDICAR.

O no me dijo una persona, los niños todos son de Cristo, vengan como vengan, ellos no deben nada y El dice dejad venid a mí los niños, porque de los tales es el Reino de Dios. Lc 18:16. Esta frase es como la otra que dicen ¿nadie sabe el día ni la hora? cuando se refieren al fin del mundo, o el regreso del Señor, hemos estudiado este caso, con el propósito de dar una buena respuesta, a esta afirmación de la cual han estado haciendo uso, sin darse cuenta de la verdad, porque la verdad os hará libres, dijo el Señor de Señores, quien se llama Jesucristo.

1. Quien lo dijo, 2. Donde lo dijo, 3. Porque lo dijo 4. A quienes lo dijo, 1. Quien lo dijo, nada más que El Dios de Abraham, a Moisés, Ex.19:3-6, Dt. 26:19, 2. Lo dijo a Israel, aquí Dios, le dijo a Moisés, así dirás al pueblo de Israel, vosotros sois pueblo Santo, mi especial tesoro, no dice a los pueblos de la tierra, vosotros me sois un pueblo Santo, de aquí vamos a determinar el final del enigma, de que si todos los niños son de Cristo, cuando Jesús dijo dejad los niños venid a mí, ¿dónde estaba Jesús? Estaba en Israel, en el pueblo que Dios le dijo a Moisés, vosotros sois mi pueblo, Lc.18:15-16. 3. Jesús se lo dijo a los judíos, Jesús todavía no ha muerto por los pecados del mundo. El está en su pueblo Israel, llevando las buenas nuevas del reino de Dios a todas las personas dentro de Israel.

EL PUEBLO SANTO DE ISRAEL.

El dijo, anunciad las buenas nuevas del reino, a las ovejas perdidas de Israel. Mt 15:24. En este caso se presento una mujer cananea, a suplicar por la sanidad de su hija. Mt.15:22. Jesús le dijo no está bien tomar el pan de los hijos y echarlo a los perros, la palabra perros, quiere decir inmundos, o sucios, no tienen derecho de comer o dormir con los hijos, así era antes ahora las cosas son diferentes, mas los perros no heredaran el reino de Dios. Mt 15: 26. Ap 22:15. Aunque la mujer recibió su milagro, él esta aclarando que Israel sigue siendo su pueblo, su especial tesoro, a ellos fue que les dijo, dejad venid a mí los niños y no se los impidáis, debemos entender el contexto todos los Judíos estaban bajo la promesa, de mi pueblo Santo, antes de la muerte del Señor pero una vez muerto El, todo cambio hasta el día de hoy.

¿Qué entiende de esto? Jesús nos dice, que él es el pan.

Jn 6:33-35.Porque lo dijo, para que entendamos que el nuevo Israel espiritual debe ser santo y creyente en El, pero después de su muerte, El ya no dice vayan a las ovejas perdidas de Israel, sino que El dice id y haced discípulos o seguidores míos a todas las naciones. Mt 28:19-20. Lc 24:46-47. Hch 1:8. Ahora ha llegado el momento de que de todas las naciones, se forme un pueblo santo para Dios y es aquí donde cabemos nosotros, los creyentes en Cristo Rm 9:25,26 Tit 2:14. Este pueblo santo, es santo por medio de Jesús él Señor, a quien han recibido como su Salvador por medio de la fe. Ef 1:4-5.Si tú estás fuera del Israel espiritual, que son los creyentes en Cristo Jesús, tus niños no son de Cristo.

EL PUEBLO SANTO DEL ISRAEL ESPIRITUAL.

A este pueblo santo, es al que se le dice no os unáis con yugo desigual, 2ª Cor 6:14. 1ª Cor 5:9-11. Y los que vinieron en yugo desigual, él Señor les dice quédense como están, y no abandone a su pareja él o ella, si consiste en vivir con él, o con ella. 1ª Cor 7:12-13. Esto no quiere decir que no se casen, es todo lo contrario, se tienen que casar para servir al señor con alegría y así evitar que los hijos sean inmundos, 1ª Cor 7:14. O sea que, aquí él Señor nos está diciendo por medio de el escritor, que los hijos de dos incrédulos son inmundos, incrédulo no es que no crea, sino que no ha recibido a Jesús él Señor como su Salvador; ante muchos testigos, y prometer que obedecerá sus leyes para pertenecer a su pueblo Santo el cual es la Iglesia del Dios viviente.

Aquí hemos visto los cuatro puntos: 1.- quien lo dijo, 2.- donde lo dijo, 3.- a quienes se lo dijo, 4.- Porque Lo dijo, creo que Dios desea que tengamos la idea bien claro, que vamos para un Reino de santos, y aunque aquí ya pertenecemos a ese Reino, todavía hay mucho que hacer para perfeccionarnos y poder ser dignos de entrar, él día que el vuelva a esta tierra para llevarnos con él a ese mundo de perfección, tan anhelado, por los hombres naturales, pero carne y sangre no heredaran ese reino de Dios, esto quiere decir que personas incrédulas naturales no entraran en ese mundo de perfección llamado el cielo.

EL RAPTO DEL PUEBLO SANTO.

Por medio de Jesucristo el Señor, a quien esperamos desde las alturas, para llevarnos con él, a la tierra prometida el cielo, lugar de la morada de Dios Padre. Padre de nuestro Señor Jesucristo y Padre nuestro, a quien amamos, adoramos, alabamos, y servimos, sin haberle visto, pero sabemos que cuando él se manifieste seremos como él, porque le veremos, tal como él es, y a los que murieron con esta esperanza, les decimos esto, aunque desecha esta mi carne con mis ojos le veré. Job 19:25-27. He escuchado a la gente decir, nadie sabe el día y la hora. Mt 24:36. Cuando se refieren a el regreso de El Señor Jesús o al fin del mundo.

El creyente o el discípulo de Jesucristo, debe estar seguro completamente que Jesucristo es él Señor, de su vida. Ef 1:1. Jn 13:13. Y que el murió por sus pecados en la cruz del calvario allá en el antiguo Israel. Mt. 27:33-36. Pero que resucito de entre los muertos. Mt 28:5-6. Y está sentado a la diestra de Dios, intercediendo por él, a la diestra del Padre. Rm.8:34. Hasta su regreso, el regreso de él Señor Jesús hoy está más cerca que nunca, el dijo cuando veáis estas señales, sabed que yo estoy a las puertas, y no os sorprenda como a ladrón en la noche. Mt 24:42.

LOS ESTUDIOSOS DEL RAPTO.

Hay tres grupos de estudiosos, los más reconocidos, unos creen que el regreso del Señor Jesús puede ser antes de la gran tribulación, otros creen que a mediados, y otros creen que al final de la gran tribulación. Los Premilenialistas, creen que el Señor Jesús, podría regresar antes de la gran tribulación como ladrón en la noche ¿Por qué? 1Tess 5:2. Y luego después de celebrar la fiesta, con su pueblo santo la Iglesia que le ha recibido como su Señor y Salvador y se ha mantenido firme en la fe, creyendo que El es la verdad, que solo en El se obtiene la salvación, el perdón, y la justificación para vida eterna, en la que se repartirán regalos y comida de ángel por un lapso de 7 años, luego El regresara a la tierra con sus Santos, millares de millares le acompañan en su regreso a la tierra.

A esto lo llaman las bodas del cordero, Ap 19:7-9. Dn 9:23-27. Estos son los que se van en el rapto pero los que se queden son los que pasaran la gran tribulación, el tiempo de angustia y de aflicción, y luego después de los 7 años, Cristo regresara como Rey de Reyes y Señor de Señores. Ap 19:16. Con sus Santos millares de millares a la tierra, Ap 19:14. Para establecer el milenio de paz, sobre la tierra, desde la ciudad de Jerusalén Israel, para todo el mundo, Zc 9:10. Zc 14:4-9,16, Ap 20,2:3, cuando se cumplan los mil años, entonces es que llegara el fin del mundo, Satanás será suelto y sucederá la segunda resurrección, para enjuiciar a todos los humanos, que han vivido sobre la tierra, desde Caín hasta la última persona, que haya pecado en la última generación, así Dios limpiara el mundo de todo mal. Ap 20:10-15. 1ª P 3:10-13. Mt 24:35.

LOS ESTUDIOSOS Y EL MILENIO.

Los postmilenialistas creen que el regreso de Jesús, él Señor, va a hacer después de la gran tribulación, ellos creen que es posible que solo haya un advenimiento no creen que haya un rapto de la Iglesia, sino que iremos cambiando gradualmente en justicia y en paz, que juntos con los incrédulos pasaremos la gran tribulación y así entraremos en el reinado del Mesías, pero la verdad es que aunque tenemos paz en Cristo Jesús, todavía tenemos arranques de enojo, malicia, codicias, cometemos errores de injusticia. Porque la palabra de Dios dice que no hay justo ni aun uno, Rm 3:10. También dice que no hay hombre que viva y no peque, pero en Cristo somos justificados cada día. Rm 5:1-9,68.

Por eso es que el cristiano tiene que venir cada día, y pedir perdón, en el nombre de Jesús, para ser justificado, Rm 5:1. De las malas obras, que haya hecho durante el día. Mt 6:12. Mt 18:21. Así que no creo que sea como los Postmilenialistas dicen que cambiaremos gradualmente, para que cuando él Señor Jesús venga podamos entrar en el reino de paz y ser parte del reino de Jesucristo él señor, sea como sea vale la pena que sigamos creyendo en Jesucristo él Señor, nunca en la historia se han visto cosas como las que ahora se ven en el mundo, terremotos, guerras, hambrunas, delincuencias, Injusticias y enfermedades como nunca.

LOS TRIBULACIONISTAS.

Son los que creen que el regreso de nuestro Señor Jesucristo es a mediados de los 7 años, tres años y medios de tribulación y tres años y medio de gran tribulación, esto podría llegar a ser cierto, ellos se basan en Mt 24:9-13. Tribulación Mt 24:21-24, y gran tribulación 42 Meses Ap 11:2. Ap13:5,7. Por 42 meses, la bestia que gobierna el mundo, vence a los Santos esto es a los judíos. Ap 11:7. Se sienta en el templo de Dios y se hace pasar por Dios. 2ª Ts 2:3-6. Dn 7:25. Los Judíos reciben al engañador como su Mesías, y le permiten usar sus poderes, para demostrar que es el verdadero Mesías, es probable que les haga un desarme al estado de Israel, haciéndoles creer que no necesitan esas armas modernas que poseen ellos hoy en día, si para eso está el, para defender al pueblo y al estado, y hacer un pacto con las naciones de paz, dudar de él sería un insulto, ellos tienen que poner toda su confianza en él, ese es el ultimo error de los Israelitas, que los llevara a entender quien es su verdadero Mesías.

Tiempo un año. Tiempos dos años y medio tiempo medio año. Total 42 meses, será un líder muy grande no hará caso al Dios verdadero, ni al amor de las mujeres, Dn 11:37. Será un Satanista o un ocultista, Dn 11:38-39. Prometerá paz. 1ª Ts 5:3. Esto es lo que los tribulacionistas medios creen, ¿ y tú qué crees?, será que están en lo cierto o no, mi opinión es que nos esforcemos, por estar preparados para ese día, el cual se ve muy cerca, para que cuando suenen las trompetas podamos ser transformados y volar hacía las alturas, y así estar con Cristo por siempre, que así sea, en verdad yo no quisiera pasar por la gran tribulación, suficiente con las tribulaciones que tengo hoy en día, pero si me quedara que no es mi voluntad, buscare refugio fuera de la ciudad, para sobrevivir por los próximos 7 o 3 Años y medios, el tiempo ya está muy cerca.

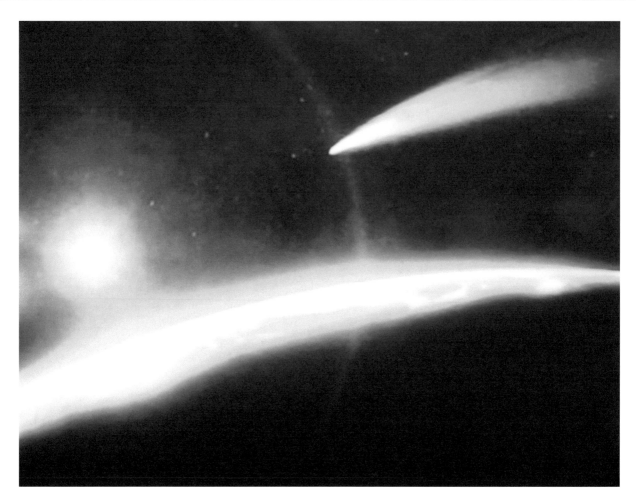

NO PASARA ESTA GENERACIÓN ANTES DEL RAPTO.

Otra de las versiones, que también es muy acertada según los estudiosos es la de que, ¿no pasará esta Generación?, Al estudiar la palabras de él Señor Jesús, cuando dijo no pasará esta generación, Mt 24:26. ¿de qué generación está hablando él Señor Jesús? y a que se refiere en especial, cuando nos dice, que no pasara esta generación, como podemos interpretar esta escritura y darle un buen sentido correcto, que Dios nos ayude a través de su Santo Espíritu, veamos según lo que los estudiosos dicen a cerca de esta generación.

Una generación se compone de 40 años, según la Biblia. Nm 14:33-34. Mt 1:17. Más de la mitad de la vida de una persona, según los estudios que se han hecho sobre este tema, la generación de la que él Señor Jesús está hablando, es la generación de personas que hayan nacido después del 14 de mayo de 1948. Hasta el 14 de Mayo de 1988, esta es la generación de la que el señor Jesús, posiblemente hablo, que verían su regreso y la gran tribulación, el tiempo en que Israel volvió a nacer como nación en su tierra fue 14 de Mayo de 1948 después de casi 2.000 años de exilio por todas las naciones, donde fue víctima de los que decían que amaban al Señor, ahora Israel ha florecido como la higuera y sus ramas han dado fruto para Muchas Naciones que se han beneficiado de la tecnología y ciencia de Israel.

EL FAVOR DE DIOS, SE ESTÁ ACABANDO.

Con la llegada de Israel como Nación, el favor de Dios para el mundo, se está acabando, en cualquier momento la puerta se va a cerrar, y Dios nunca más escuchará el clamor de aquellos que clamen a Él, si es que hay alguien que lo haga, aquí se cumplirá la palabra de el señor Jesús en la parábola de las diez vírgenes, Mt 25:1-13. Israel por casi 2.000 años estuvo en tinieblas esto quiere decir ignorado o ignorante, Dios ha ignorado a Israel por no haber recibido a Jesucristo, como su Señor y Salvador, Jn 1:11. Mt 8,11:12. A si Dios dejara a esta humanidad de hoy en cualquier momento, Dios se apartara de nosotros, entonces se cumplirá la palabra que dice irán de mar a mar buscando quien les predique la palabra de Dios, hoy nadie quiere saber de los judíos pero en esos días diez hombres tomaran del manto a un judío y le dirán háblanos de la palabra de Dios por favor, Zac 8:23.

Entonces los últimos que nacieron, hasta mayo de 1988, serían las personas de la generación que hablo él Señor Jesucristo, cuando dijo, y no pasara esta generación, son los que podrían ser parte de la última generación, que vivirá el gran acontecimiento de el regreso de Cristo y pasar la gran tribulación, esto es lo que los estudiosos han encontrado, así es como lo creen ellos, entonces en cualquier momento podría suceder lo inesperado, el sonar de las trompetas.

El mundo quedara en las tinieblas, ignorado, entenderán que Dios sea apartado por los malos acontecimientos pero será demasiado tarde, el Señor habrá cerrado su puerta y estará celebrando su fiesta con sus invitados, Ap 19:9, Mt 22:2. Mi padre y yo trabajamos hasta hoy dijo Jesús, eso quiere decir que el momento de descaso para Dios está llegando, Jn 5:17, Gn 2:1, Heb 4:4. Como al principio," y trabajo Dios seis días y descanso el séptimo".

ISRAEL Y EL FIN DE LA GRACIA.

Profecías que hablan de la gracia destinada a los gentiles.

Y la fe en Jesucristo para vida eterna, Rm 11:25, esto de que ¿hasta que haya entrado la plenitud de los gentiles? Quiere decir que habrá un final, cuando haya entrado la plenitud de los no Judíos los que no son de Israel, este final es el fin de la gracia o del favor de Dios, para la humanidad, como todo tiene un principio y un final, eso quiere decir que el final de el nuevo pacto ha llegado para dar paso a otro, Heb 8:7-13, Jn 3:16-17. Es difícil pensar así, pero en realidad no se puede tapar el sol con un dedo, si Jesús es Real, entonces su palabra es verdad, se tiene que cumplir y el tiene que volver, de lo contrario todos los que hemos profesado fe en El, ¿estamos condenados por una mentira, nunca existió, fue un invento de alguien para dominarnos? Pero Israel es una es una profecía viva de que Dios existe.

Y luego todo Israel será salvo, Rm 11:26. Y yo os traeré a vuestro país, de todas las naciones, Ez 36:24. También dice que serán una sola Nación, Ez 37:21-22. Este cumplimiento lo vemos hecho realidad, Israel es una sola Nación hoy día, cuando los Judíos celebraron el nacimiento del estado de Israel, se acordaron lo dicho por el profeta de él Señor, que dijo, una nación nacerá en un día, Is 66:8, y esta nación fue el estado de Israel, que salió de las entrañas de la muerte, el mundo donde lo quisieron ahogar pero salió venciendo otra vez, profecías cumplidas ante nuestros ojos, Israel tendrá setenta años de ser Nación el 14 de mayo de 2018. Esa podría ser la semana 70, ó la última semana de diez años, Dn 9:24-27, Jr 25:11-12. Pueda ser que al final de los 70 años suceda el acontecimiento del que hemos estado hablando el regreso de El Rey de Reyes.

EL FALSO MESÍAS.

Dios de Abraham, Isaac y Israel, su nombre hebreo es YAHWEH, así es como lo pronuncian los Judíos en hebreo, y Jesús dijo, si alguno viniere en el nombre verdadero de mi padre vosotros lo recibirías, Jn 5:43. Pero el no se presentará hasta que se cumpla la profecía de el regreso de él Señor Jesús, como ladrón en la noche, 1ª Ts 5:2. Ap 16:15. Mt 24:43-44. Este momento es del que hemos estado hablando, que él viene como relámpago, en un abrir y serrar de ojos Mt 24:27-28. 1ª Cor 15:52. Todo será muy rápido, cuando las personas digan que es esto, ya será muy tarde, el plan de Salvación habrá caducado o expirado para el mundo en el que vivimos.

Sucede en un abrir y serrar de ojos, eso es lo que llamamos el rapto, y el segundo acontecimiento, lo llamamos el segundo regreso de Cristo, Mt 24:30. Un regreso literal. Ap 1:7. Porque dice que todo ojo le verá, entre el rapto y el regreso de Nuestro Señor Jesucristo, habrá un tiempo aproximado de 7 años, o tres años y medio, a este tiempo es el que le han llamado la gran tribulación, el tiempo de la gran tribulación, es un tiempo muy difícil de vivir, como hemos hablado antes, porque en este tiempo, no habrá justicia, no habrá amor, no habrá respeto para nadie, reinara la anarquía, la ley del más fuerte, las armas serán los medios de salvación para algunas personas, pero en realidad eso lo único que te va a traer es más problemas, en ese tiempo, no podremos confiar ni en las autoridades, como hoy lo hacemos, las leyes serán quebrantadas, la Iniquidad estará en todos los pueblos de la tierra, y la maldad será grande.

LA INIQUIDAD Y LA GRAN TRIBULACIÓN.

Iniquidad es pecado y el pecado es rebelión contra Dios, las injusticias son pecados, hoy en día, las injusticias se ven a nivel nacional, como a nivel Internacional. Los jueces se venden y declaran inocente al culpable, la Policía de los Estados Unidos, supuestamente es la policía más civilizada del planeta, pero está cometiendo atrocidades con los hispanos y morenos, de la raza negra, y los declaran inocentes, imagínense lo que será en la gran tribulación, los estados unidos país de emigrantes, donde habemos Judíos, árabes, Africanos, europeos, asiáticos, hispanos, a estos grupos la Biblia los llama Nación, Mt 24:7, si nos encontráramos en una situación indeseable, como una guerra civil, por las injusticias que hay, cada etnia tratarían de formar una resistencia armada, para defenderse y sobrevivir, eso sería un caos y un derramamiento de sangre enorme, algo sin precedentes como nunca lo ha habido antes, las atrocidades nazis se quedarían opacadas.

Los Judíos y los árabes tienen campos de entrenamientos, y los asiáticos armas de defensa personal, los de la raza africana han participado en el ejército americano, nosotros los hispanos solo tenemos a Dios, es el único que podrá salvarnos para sobrevivir al caos de una guerra civil en los EE.UU, un niño de 7 años fue sacado de una escuela en N.Y. como un criminal y puesto en la cárcel, supuestamente por haberle robado $ 5,00 a otro niño en Enero del 2013, piense lo que pasa, en los países del tercer mundo, como India, México, Guatemala, El salvador, honduras, Brasil, Venezuela, y muchos países mas de todo el mundo, donde mueren cientos de niños, a manos de las autoridades y criminales, sin que nadie les haga justicia, sin contar los que mueren por el aborto, que son miles a diario, que también claman por Justicia, que tienen derecho a la vida y los medios de comunicación callan.

SALIR DE LAS CIUDADES.

En el tiempo de la gran tribulación, para sobrevivir, la única forma será salir de las ciudades, las ciudades serán una trampa mortal, para los que se queden, sin agua y sin comida, el que no era delincuente, en esos días se hará delincuente, porque tendrá que salir a buscar comida y si no mata lo mataran, lo que Jesús dijo en el pasado, es también para nuestros días, huyan a los montes, escapen por sus vidas, olvídense de lo que tienen en casa, como en los días de Lot, así será también aquel tiempo, la mujer de Lot, vio lo que pasaba y se convirtió en una estatua de sal, no podía creer que dejaba su casa y su comodidad, así será en la tribulación, prepárate que eso es lo que viene para los que viven en este mundo, cargado de odio, rencor, injuria, intriga e insatisfacción, buscando la felicidad donde no la pueden encontrar.

uno de los problemas, que se presentaran, en esos días, será que muchos de los lideres prometerán paz y seguridad pero eso solo será una mentira, muchas personas morirán, porque pondrán su confianza en las palabras de esos hombres, si no lo hicieron antes, como lo van hacer ahora que es la gran tribulación, los mismos gobiernos, estarán involucrados en los crímenes y protegerán a sus matones, de las atrocidades que harán con aquellas personas, que les acusen de prepotencia y maltrato, dirán que ellos actuaron correctamente en defensa propia, violando así los derechos de expresión de los ciudadanos y callando la voz del pueblo.

SOBREVIVIR EN LA GRAN TRIBULACIÓN.

Señores, tratar de sobrevivir después de el rapto, será un sacrificio muy grande, pero que valdrá la pena al final de la gran tribulación, y se manifieste él Señor en su trono de gloria y diga, salid pueblo mío y adorad aquel que hizo el cielo, la tierra, el mar y todas las cosas, entonces saldremos de los escondites y cuevas tranquilamente y adoraremos al que está sentado y al cordero de Dios. El tiempo de angustia y tribulación han pasado, a hora es el comienzo de un nuevo tiempo, el tiempo del milenio de paz, justicia amor seguridad, por el Rey de Reyes, y Señor de Señores, así que habrá válido la pena hacer el sacrificio de sobrevivencia, para vivir por los próximos mil años, ese es el primer regalo que Jesús dará a los sobrevivientes de la gran tribulación, un regalo muy grande, Si con sesenta años las personas ya no somos las mismas de cuando teníamos treinta, en el milenio las personas estaremos rejuvenecidos todo el tiempo, mientras que los que no creyeron a esta palabra, y se quedaron en las ciudades y murieron, por la criminalidad. Los sobrevivientes estarán corriendo de un lado para otro, debido que no habrá transporte, aéreo, terrestre, y marítimo, excepto algunas personas del gobierno, que usaran algunos helicópteros, pero el resto de la ciudadanía se las tendrán que arreglar de algún modo para viajar en carreteras y caminos, apestadas por personas armadas, unos que cuidan, otros que roban y matan.

Una de las señales de esto, fue lo del terremoto de Japón, las personas perdieron comunicación con sus seres queridos y amigos, los teléfonos no funcionaron, también paso lo mismo en Haití, Chile, Guatemala, El Salvador y otros países y puede imaginarse lo que hizo la tormenta Sandy. En N.Y tardo casi 90 días en repararse los daños, esto sin dejar de hablar de la ciudad inundada de nueva Orleans en Luisiana, que ha tardado años en repararse, todavía están ahí trabajando, y gran parte de ella, esta inhabitada, lo mismo ha pasado en Japón y Haití, en la gran tribulación será peor, porque no vendrá ayuda de ningún lado, las personas estarán turbadas y confundidas, por el caos, todos los pueblos de la tierra estarán igual.

SOBREVIVIR SERÁ LA PRIORIDAD.

Tenemos que buscar refugió en los montes.

Si nos quedamos del rapto y si no quedamos lesionados, iremos lo más lejos que se pueda de las ciudades, hablando de sobrevivencia, bueno nadie quiere morir, todos queremos vivir, esperamos que de alguna manera Dios nos ayude a vivir un día más para proteger a nuestros seres queridos, y proveer lo que están necesitando, se han hecho estudios a los que han estado en la cárcel o el hospital, donde han tenido tiempo para pensar sobre sus vidas, lo que hemos encontrado en estas personas, es que ellos dicen, que cuando salgan de ahí, serán las mejores personas del mundo, vivirán para ayudar a sus seres queridos, eso es lo que ellos dicen, pero cuando alguien logra ese sueño, la realidad es otra, en la gran tribulación las personas se volverán odiosas unas con otras y se harán mucho daño, esto es lo que paso en Israel después de la muerte de el Señor Jesús, ahí se cumplió la palabra del Señor Jesús cuando dijo porque no traigo paz sino espada, los judíos se comenzaron a matarse unos a otros y eso es lo que nos pasara en la gran tribulación.

Las personas cambiamos constantemente, pero en la gran tribulación, habrá un cambio enorme en todas las personas, de tal manera que no hay palabras para explicar bien lo que pasara, lo único que sabemos es que Jesús dijo, mi paz os dejo mi paz os doy, Jn 14:27. Esta paz es la que nos ha ayudado a respetar el derecho ajeno, para vivir en paz con los demás personas, pero ese principio ya se está perdiendo y en la gran tribulación no existirá esa paz, el odio y la venganza serán los que reinaran en el mundo, las estados unidos, ha sido un refugio para muchos emigrantes del mundo, especialmente para europeos y Judíos, los Israelitas han sido respaldados por los EE.UU, pero en la gran tribulación los EE.UU no podrán ayudar a los Judíos y al estado de Israel por el caos dentro de la Nación, Israel quedara solo sin amigos pero Dios enviara su protección para salvarle de sus enemigos "los dos testigos".

EL HOMBRE ES UN SOBREVIVIENTE

Como dijimos al principio, sobrevivir es un instinto humano, aunque hoy hay escuelas de sobrevivencia, el ser humano es un sobreviviente de grandes guerras y terremotos, inundaciones, hambrunas y ha sobrevivido a grandes temperaturas, si es que esta frió o caliente en todos los continentes, en todos los eventos del hombre, Dios ha estado involucrado ayudándolo hasta hoy, por eso es que hemos visto la sobrevivencia del hombre, en todo el mundo y su prosperar, no es porque se pase de listo o sea muy bueno para trabajar, es porque Dios lo ha querido así, guardándolo de la muerte y llevándolos a tierra firme donde ha encontrado trabajo y vida en abundancia. 107:4-7. Dios en su misericordia bendice a buenos y malos.

Pero en los días de la gran tribulación, como lo llama la Biblia, el asunto será diferente, porque aquí Dios, se apartará del hombre, así como Israel fue ignorado por casi dos mil años, así será con los hombres del mundo y de todas las naciones, Dios se apartara por un lapso de 7 Años, o quizás por tres años y medio, como quiera que sea, aun por un día que Dios nos abandone, todo el orden establecido por Dios, se vuelve un caos y se romperán las leyes de la naturaleza, las leyes de la física, las leyes Espirituales, las leyes morales, que algunas ya se rompieron, Dios dice en su palabra y el mundo quedara en tinieblas, ¿esto es Ignorado, o Ignorante? Por cuanto no amaron la vida, porque el que quiera salvar la vida la perderá y el que pierda su vida por mí la salvará, Mt 16:25.

SOBREVIVENCIA DE ISRAEL.

Los Judíos, como los conocemos en el mundo, son los sobrevivientes más famosos en las naciones y los pueblos donde han vivido y sobrevivido por casi, dos mil años, a pesar de los atropellos y maltratos de los gobiernos y de los pueblos a donde ellos emigraron de otros pueblos, sin perder el idioma y la cultura que los identificaba como la nación de Israel, ellos en su angustia decían el año próximo iremos a Sión, esperando el momento en que volverían a su tierra, la tierra de Israel. Grandes comunidades de Judíos fueron víctimas del robo, la extorsión por los gobiernos, asesinatos por los pueblerinos, sin que nadie les hiciera Justicia, y no es que no clamaron a su Dios, el Dios de Abraham, es que Dios ya había dicho por sus profetas "honrad al hijo, para que no perezcáis" Sal 2:10-12. Y ellos lo ignoraron a Él. Jn 1:11.

El Señor Jesucristo les dijo que su tierra quedaría desierta, esto es abandonada por Dios, ellos mantenían su religión pero Dios no está con ellos, los gobiernos de diferentes naciones quisieron apropiarse de esa tierra, pero no pudieron, excepto por algún tiempo, después Dios los echaba de su tierra, ya Dios se ha vuelto a un pueblo que no era su pueblo los gentiles, para dar una oportunidad al mundo, y mostrar su gracia por medio de su hijo Jesucristo, para que todo aquel que en él crea no se pierda, porque dice que a los suyos vino, y los suyos no le recibieron, pero a los que le recibieron les dio potestad de ser hijos de Dios, Jn 1:12-13. Esto es a los cristianos de todas las épocas pueblos y naciones, entonces, ¿porque Dios se va de nosotros? porque él ve que ya no le necesitamos, nos hemos vuelto auto capaces y le ignoramos esto le duele a Dios. El sabe hacia dónde nos dirigimos, pero él no puede hacer nada, porque él respeta nuestro libre albedrío, Dios no es imperialista, es amor, bondad y verdad.

PREPARÁNDOSE PARA SOBREVIVIR EL FIN DEL MUNDO.

Hoy en día muchas comunidades se están preparando, para cuando llegue el fin del mundo, como ellos lo llaman, con mucha comida y armas de fuego, autos blindados en abundancia y muchas construcciones bajo tierra, y no es mala idea, el problema es que en el día del Rapto, todas las construcciones más poderosas como son las del gobierno Americano, y también lo son las de otros gobiernos, serán semejantes a construcciones de papel, será su propia sepultura porque se quebrarán y se derrumbarán ante el gran terremoto que sacudirá al mundo con violencia y "las ciudades de las naciones se cayeron y los pueblos construyen para el fuego" Ap 16:17-19. Hab 2:13.

Uno de los profetas del antiguo Israel "dice que los hombres construyen para el fuego, Hab 2:13, otro dice, que las ciudades de las naciones se caerán, otro dice que los elementos siendo quemados se fundirán ese día, los mares se saldrán de su cauce", las carreteras estarán rotas, los puentes caídos, los edificios caídos o en llamas por el gas que hay en ellos y por los circuitos eléctricos, será un día muy conocido de todos, ese día llorará allí el valiente, el fuerte temblara como un borracho, por la expectación de las cosas que se verán, y para los que están esperanzados en el gobierno, ese día se darán cuenta que el gobierno no tendrá la capacidad de ayudar a las multitudes y de detener la delincuencia en las calles, las tiendas desaparecerán ese día por el saqueo, las mismas autoridades harán fechorías y perderán el control de sí mismos, de quienes son, y se harán daño a sí mismos, las imágenes de la guerra en Siria y la destrucción del terremoto en Japón, son las que veremos en nuestro derredor, el terreno está preparado, ya el mundo cambiara.

NADA ESTARÁ SEGURO.

Ese día sino te vas en el rapto con Jesucristo, podrías morir si viajas en tu automóvil, solo o con tu familia o de pasajero en otro vehículo o en avión nada estará seguro, los barcos se volcarán con las grandes olas que se levantaran, el terremoto hará que se mueva todo el mundo como un borracho ó como a una choza con el fuerte viento, Is 24:20. Aquella tarde tembló la tierra, cuando murió el Señor Jesús, el Sol se oscureció, y las gentes anduvieron a tientas. Mt 28:45-52. Lo que no sabemos si eso fue en todo el mundo, pero los estudiosos dicen que esa oscuridad tenía que abarcar todo el planeta. Mt 28:45. Sabemos que paso por la palabra de Dios, que lo dice, en ese momento no teníamos el sistema que ahora tenemos de noticias, que de un lugar del planeta se puede ver lo que pasa en el otro lado del mundo, lo que veremos el día del rapto será horrible, destrucción y muerte en todas partes del mundo, personas buscando a sus seres queridos.

Bueno el fin del discurso, dijo el sabio, es que temas a Dios y ames a tu prójimo como ti mismo, si a ti te gusta que te vaya bien, lo mismo debes de buscar para tu prójimo, sí sobrevives a esa catástrofe, no te aferres a lo que tienes en casa, busca a tu familia si estas cerca de ellos, ayúdalos y aléjate de la ciudad, porque por unos 90 días, las personas tendrán temor y estarán ocupados buscando a sus seres queridos, eso será una buena oportunidad para escapar de las ciudades a los montes y esperar ahí el comienzo del milenio, de nada te servirá que quieras regresar a tu país a buscar tu familia, que dejaste cuando emigraste, porque la situación será peor que hoy en tu país, pero cuando él Rey de Reyes aparezca y venza al gran dragón, todo cobrara vida y el conocimiento del Eterno cubrirá la tierra, como las aguas cubren el mar Hab 2:14. El gozo y la alegría superarán la tristeza y la angustia de esos días.

QUE VUESTRA HUIDA NO SEA EN INVIERNO.

El Señor Jesucristo dijo, orad que vuestra huida no sea en invierno, esta palabra es también para los que vivan en el tiempo de la gran tribulación, aquí no solo está hablando de los Israelitas que vivían en los tiempos apostólicos, también es para los de el tiempo del rapto, los del Israel espiritual, también dice hay de las que estén encinta o críen en aquellos días las mujeres encinta o con niños no se pueden mover para largas distancias a pie, ellas se quedan siempre, piensan que por los niños o su estado la misericordia tiene que ser grande, y en vez de hacerles daño se les tiene que ayudar, pero en los tiempos de Jeremías las personas no creían a lo que El decía, cuando llego el momento todo fue diferente, los invasores les abrían el estomago a alas embarazadas sin misericordia y estrellaban los niños en las paredes y los alemanes del siglo 21, los más inteligentes de los años 1935 hicieron fabricas para coleccionar los huesos, dientes y cabellos de los hombres mujeres y niños Judíos, sabios inhumanos. Is13:16. Nah 3:10.

En los estados unidos están los ríos más grandes y anchos del mundo, hay ríos de casi 5 millas de ancho, como el río Hudson de New York ó el Mississippi a diferencia de otros ríos y lagos, qué debes hacer si quieres viajar al sur y no hay puentes, mira a la orilla de estos ríos o lagos, hay pequeños trozos de madera une dos o más y navega siguiendo la corriente, sea que este frisado o no podrás pasar, no tengas miedo no te hundirás ni en el agua o el hielo, no mires para atrás, solo cuídate de las personas porque podrían hacerte daño, recuerda que en esos días no habrá Justicia, ni amor, ni respeto para nadie, todos se cuidaran unos de otros, "y por haberse multiplicado la maldad el amor de muchos se enfriara" Mt 24:12.

COMO SOBREVIVIR DESPUÉS DEL RAPTO.

Sobrevivir es la pesadilla mas grande que un ser humano pueda vivir, pero consciente de lo que está pasando, tenemos que actuar, o moriremos en el lugar donde vivamos, si pensamos que todo va a cambiar con las promesas del gobierno, moriremos, para sobrevivir en caso de que uno sea un fugitivo, es cerca de los ríos o lagos, a la orilla de los ríos crecen plantas que se pueden comer, el agua es más saludable y se puede tomar, también hay animales que se pueden comer, como los peces, y aves que crecen a la orilla de los ríos y lagos, hay que buscar las partes más altas, y hacer un refugio como especie de cueva, con una pequeña puerta cubierta con ramas, para protegerte de los animales salvajes y de el agua de la lluvia, y que no sea muy a la vista, por si acaso aparecen merodeadores buscando agua y comida, si te ven podrías tener problemas con ellos, y eso es lo que vamos a evitar para sobrevivir el tiempo de la gran tribulación.

Hay que estar seguro, si son gente buena o mala, no debe salir y presentarse a ellos, aunque se vean como personas buenas, el tiempo pronto pasará si no te desesperas, y no te vayas asustar si después de algún tiempo de estar ahí escondido oyes un ruido demasiado fuerte y veas la gran nave de él Señor Jesús, no digas a las peñas caed sobre mi y escondednos de aquel que está sentado en el trono, como las otras personas que estén confundidas, sino que trata de salir tranquilo, porque ha llegado tu luz, y tu salvación alaba al que esté sentado en el Trono y dale Gloria.

ARMAS CASERAS.

Tú serás un sobre viviente de la gran tribulación, el mal habrá desaparecido con el regreso de él Señor y el encarcelamiento de Satanás, el mundo tendrá paz como las aguas cubren el mar, así el mundo será lleno del conocimiento de el Señor Jesús. En las guerras hubieron hombres que sobrevivieron casi al contacto con sus enemigos, lo sabemos porque vivieron para contarlo, si estos hombres se hubieran desesperado no hubieran sobrevivido, sino que habrían sido capturados y muertos por sus enemigos, no tendríamos la historia de los sobrevivientes, ni tan poco tendríamos escuelas de sobrevivencia.

Creo que para sobrevivir necesitaremos un equipo de armas caseras, como un machete, un cuchillo, una honda para tirar piedras, anzuelos para pescar, mechas, fósforos para encender fuego, una olla, una taza, una cuchara, una casa de campaña, o un saco de dormir, una lámpara de mano, una cuchara de mezcla para excavar, dos o tres mudas de ropa que no sean de colores encendidos, para que cuando las laves y las pongas a secar no se vean de lejos, las ropas deben ser de colores oscuros, una capa, algo que no sea muy pesado o grande, no necesita armas de fuego de ningún calibre, para sobrevivir en el bosque harías ruido con ellas, eso te delataría donde estas y eso es lo que vamos a evitar para sobrevivir los tres año y medio ó 7 años, puedes usar tu carro, o el de otra persona, y salir de la ciudad, y avanzar hacia el lugar que tu creas que es el más seguro, hecha lo que puedas de comer para los primeros días, mientras te acostumbras a la soledad del campo, las autoridades estarán ocupadas para estar parando vehículos o exigiendo status legal, quizás alguien diga que estoy exagerando pero no, solo estoy diciendo lo que se me ha revelado que diga, para cuando llegue el momento no digas que nadie te advirtió de lo que estaba por suceder.

RENOVACIÓN DEL MUNDO.

La Biblia considerada la palabra de Dios, nos dice que habrá Sobrevivientes después de aquellos días considerados como el fin del mundo, para muchas personas. Zc 14:16. Pero no es el fin del mundo, sino el gran día de la irá de Jehová. Mal 4:1-2. Este gran día como lo he explicado antes, es un tiempo de angustia, es un cambio global, es una renovación de el mundo para algo mejor, y como en toda renovación la incomodidad es grande y difícil, pero después que se ha hecho el trabajo y la limpieza todo se ve mejor y más bonito, así será después de la gran tribulación, pero con la ayuda del creador y nuestro esfuerzo lograremos entrar en el reino del milenio, aunque Dios no estará en ninguna congregación, en su soberana voluntad preservara la vida de aquellos que se quedaron del rapto y desean vivir por los próximos mil años para ver y adorar a su santo hijo Jesús, el desafío por vivir durante la tribulación no será fácil durar 42 meses o 7 años, realmente no lo sabemos con certeza, pero de que viene, viene, eso no lo podemos dudar, y es mas podría suceder en cualquier momento de nuestra existencia, o después de los 70 Años del establecimiento de Israel, no falta nada cuatro años, como dijo alguien él tarda por amor a ti, en su misericordia podría darnos siete años más después de los setenta años del establecimiento del estado de Israel, como lo hizo con Noé dio siete días más, eso sería por el 2025. El propósito de esta enseñanza es que te prepares con una maleta como te lo he dicho antes, alguien me dijo, yo estoy preparada para ese día, yo dije que bueno.

En ese momento que suenen las trompetas te podrías quedar, porque la palabra de Dios, dice: que estemos en paz con todos y vuestro si sea si y vuestro no sea no, pero yo he escuchado parejas cristianas que ninguno se calla, a quien mete mas leyes y gritan mas, familias pastorales se quedaran ese día, los pastores trataran de dar una respuesta, pero no serán escuchados, lo correcto es preparémonos para cualquier cosa, si te vas con él Señor, gloria a Dios, si te quedas, tendrás que ingeniártelas, para sobrevivir ó morirás, porque no somos animales irracionales para ignorar la muerte, como decir mátenme y ya, se acabo todo, tenemos esperanza de un mejor mañana, para vivir en paz y amor con nuestros seres queridos, que la luz de Cristo nos alumbre cada día y el favor de Dios este con nosotros.

En la escritura dice que ese día del rapto, dos estarán en el campo de trabajo, otros dos estarán durmiendo Juntos y uno será llevado el otro será dejado, según los analices de algunos estudiosos, dicen que aquí se está hablando de un cincuenta por ciento, de todos los cristianos, aunque cristianos, somos más de cuatro mil millones en todo el mundo, incluyendo Católicos y Protestantes, porque cristiano es todo aquel que cree en Jesucristo, los protestantes creen que Jesucristo es su Salvador y su Dios, lo que sabemos es que un cincuenta por ciento se va con Cristo y el resto se queda sin contar los muertos de ese día, después de 90 días trataran de reformar las leyes y será un delito ser cristiano.

Evitarán que sigan hablando de Jesucristo, los escépticos trataran de crear leyes que perjudiquen a los que se hayan quedado, dirán que él Dios de ellos fue el que hizo ese gran daño al planeta tierra y así harán persecución de los cristianos en todo el mundo, muchos hermanos y familiares se entregaran unos a otros y por haberse multiplicado la maldad, el amor de muchos se enfriará, creerán que están haciendo Justicia, encarcelando y matando a los cristianos de esos días, pero no solo estarán cumpliendo la profecía del Señor, que dice por cuanto no eres frío ni caliente, yo te vomitare de mi presencia, esto es, te echare fuera, a las tinieblas, te ignoraré en esos días de dolor y angustia.

VIVIENDO EN LAS CIUDADES.

La mayoría de la personas se quedara en las ciudades después de ese día de el rapto, viviendo en las calles sin agua ni luz, comenzara a haber robos y asesinatos, violaciones de las mujeres y hasta de los niños y niñas, las gentes comenzaran a quejarse de los que gobiernen la ciudad o el país donde vivan, eso ya lo hemos visto en ciudades y países, donde muchas mujeres y niñas fueron violadas maltratadas y asesinadas como Haití, en nueva Orleans EE.UU, después de la tormenta Catrina, las personas que estaban en los edificios de refugios, se encontraban hacinadas, el hedor, y el calor, eran horribles, insoportables, la ayuda parecía no llegar, pero en la gran tribulación la ayuda nunca llegara, el caos será horrible cada día más y las personas comenzaran hacer violencia y no las podrán detener.

Eso es para que se tenga una idea, de lo que pasará, en el gran día de la irá, algunas personas no creen que eso llegue hacer cierto, pero Jesús lo dijo antes, yo también lo he dicho aquí, y como lo dijo el sabio, que el sabio ve el mal y se aparta o se prepara, prepárate el día viene pronto. Lo que se escribió de Él se cumplirá, que no te encuentre desprevenido o durmiendo, él Señor dijo velad y orad, para que podáis ser dignos de escapar, en realidad hoy día no se está orando ni velando como en los tiempos pasados, tenemos un afán de cosas que hacer que no tenemos tiempo de orar y velar, como lo hacían los hombres y mujeres del pasado, hoy vamos a la iglesia por compromiso muy pocos lo hacen con amor y alegría , la mayoría solo viven el momento, están en la iglesia pensando en la comida o en los problemas, fingen ser felices pero en realidad viven con una amargura dentro de sí.

SALVADORES QUE PROMETERÁN PAZ.

Según algunos historiadores, después de la muerte de el Señor Jesucristo, todo mundo parecía haber perdido la razón en Israel, todas las personas estaban mal humoradas, habían muchos pleitos entre padres e hijos, suegros y yernos, entre la suegra y la nuera, muchos de los que habían escuchado las enseñanzas de el Señor Jesucristo, se acordaban que él había dicho, porque no traigo paz, sino espada. Mt 10:34-36. Los enemigos del hombre serán los de su misma casa, esto es lo que se cree que sucederá en la gran tribulación después del rapto y la primera resurrección, las personas se entregaran unos a otros, los padres entregaran a los hijos y los hijos a los padres y así se cumplirá la escritura de él Señor Jesús.

El gobierno de Israel comenzó a incrementar los impuestos al pueblo, para recaudar más fondos, eso produjo grandes protestas del pueblo, pero todo fue suprimido con las autoridades, se levantaron algunos hombres diciendo que Dios les había hablado y se autoproclamaron lideres Mesiánicos para salvar al pueblo, muchos los siguieron pensando que era verdad y murieron, así se levantaron muchos más, como el mismo Herodes, proclamándose a sí mismo como alguien grande, y la gente decía ¡voz de dios, y no de hombre ! Hch 12:21-23. Así el pueblo de Dios perecía por falta de sabiduría, hasta llegar al exterminio, todos los doctores y maestros de la escritura líderes en Israel no pudieron hacer nada para ayudar, al contrario tomaban los bienes de las viudas y los huérfanos, se hacían más ricos pensando que eso les iba ayudar para cuando llegara el cambio, lo mismo pasara en la gran tribulación, no te dejes engañar, huye de esas personas.

PREPÁRATE PARA LO QUE VIENE.

Yo como cristiano trato de vivir o estar preparado para ese día, pidiéndole a Dios, que por su Misericordia me ayude a escapar de lo que viene ese día, y poder ser parte de los que se van, pero en caso que sea todo lo contrario, y quede vivo y sano después de la catástrofe, yo también estoy listo y preparado para sobrevivir, hasta que se establezca el Reino del milenio de paz y pueda vivir para contarlo a todas las futuras generaciones, que nacerán en el Reino de Dios. Gobernado por el Señor Jesucristo y por Judíos, los hombres que gozarán de el favor de Dios. Señores amemos a los judíos, ellos son los que gobernaran el mundo entero dentro de poco tiempo con su gran Rey Jesucristo, eso no lo podemos evitar, ya está establecido que así será. Preparémonos para que no quedemos avergonzados como los que los insultaron y los maltrataron, pensando que hacían bien.

Todo está preparado para ese momento, en cualquier minuto sonara la trompeta y los muertos en Cristo resucitaran primero, luego los que vivimos y esperamos el regreso de nuestro gran Señor y Salvador Jesucristo, seremos arrebatados juntamente con ellos en las nubes y de ahí para halla estaremos con él Señor, por siempre, nunca más él se apartara de nosotros, su presencia nos llenara de salud espiritual, y seremos semejantes a él, en cuerpo, mente y alma agradables a Dios, como los santos ángeles del cielo, en verdad seremos felices para siempre con él.

A JESUCRISTO SE LE DECLARO COMO EL CORDERO DE DIOS.

En la tradición Judía de la pascua, se sacrificaba un cordero en holocausto a Dios, por orden de Dios, al pueblo de Israel para perdón de los pecados, esta tradición se hacía, cada 14 del 1er. mes del año Judío, el Sacerdote degollaba el cordero, tomaba la sangre en un recipiente la llevaba al altar y la ofrecía a Dios, por los pecados del pueblo, luego salía a fuera con una brocha especial, salpicaba al pueblo con la sangre y luego sonaban las trompetas, le daban el rollo del libro, lo habría y leía las palabras de Moisés, oye Israel El Señor tu Dios uno es y solo a él adoraras y servirás. El es el que te saco de Egipto, con mano fuerte y poderosa, delante de ti, abrió el mar rojo y pasaste en seco, mas tus enemigos fueron ahogados, con estas y otras palabras, el Sacerdote hablaba al pueblo de Israel y el pueblo decía Amen.

En el cielo Jesucristo él Señor, entro con su propia Sangre, ante el trono de la gracia de Dios y la ofreció a Dios su Padre, por nosotros y desde ahí nos ha estado salpicando su sangre, para remisión de pecados, pero la sangre se está acabando y pronto sonaran las trompetas, esta vez es para decirle al Israel espiritual, oye Israel él Señor tú Dios uno es y solo a él adoraras y servirás, por toda la eternidad y todo el pueblo dirá Amen, que bueno será ese momento cuando estemos ahí. Dios les bendiga !!!

VIVIENDO EN EL MILENIO DE PAZ.

Desde Israel para todo el mundo, los que sobrevivan no morirán, sino que vivirán por los próximos mil años, porque él Señor Jesús, les permitirá vivir. él les dará vida y vida en abundancia, ir a Israel todos los años a adorar al Rey Jesús, será obligación por los próximos mil años, de lo contrario moriremos, porque él es él árbol de la vida y solo él tiene el poder de dar vida, a todos los que se le acercan y confían en él, los deseo de verlo pará adorarlo, es de todos, hasta hoy nos han mantenido adorándole por la fe, o por imágenes muertas, pero ver al Señor Jesús, es lo más grande y glorioso que puede haber para todo persona, porque de él emana vida y salud, para tus huesos y entrañas, no necesitaremos más centros de salud, medicina, dentistas, porque con su presencia, se sanaran todas las dolencias y enfermedades del cuerpo, regresaremos nuevecitos de Jerusalén y disfrutaremos el paseo, su Espíritu cambiara todas las piezas malas en nuestro cuerpo y nos rejuvenecerá como el agila para un año más, las personas les gusta ver y saludar a los políticos de renombre y otras personas como artistas o líderes religiosos famosos, pero no pasa nada, con él Señor Jesús si hay grandes experiencias.

Por los próximos mil años, habrá vida Salud, Paz y Amor, Seguridad, Confianza y Justicia en abundancia, todas estas leyes nos han faltado en el mundo, ni aun nuestros Padres, con todo el esfuerzo que hicieron por nosotros, no nos dieron todo el amor, cuidado, abundancia, y seguridad, que necesitábamos, pero el Rey de Justicia lo hará, controlara el mundo, desde Jerusalén Israel, y todos los seres humanos, incluyendo los animales tendremos paz seguridad, para ese tiempo no tendremos más animales en cautiverio, como hoy lo vemos en los zoológicos, no tendremos temor de las fieras como hoy, el león comerá pasto como la vaca, y pastorearán juntos con la osa y el becerro, él niño jugara en la cueva de la serpiente, y nada hará daño a nadie, Is 11:5-9. Eso será una verdadera vida.

LA GLORIOSA MANSIÓN DE JESUCRISTO.

Ahora nos admiramos cuando vemos esas hermosas construcciones de los millonarios, pero cuando veamos la gloriosa habitación de él Señor Jesucristo, allá en Jerusalén, nos quedaremos mudos y admirados completamente, de la majestuosidad de el palacio de él gran Rey. Is 11:10, porque su habitación será gloriosa aquí en la tierra, con finos enchapados de oro y piedras preciosísimas de gran valor esa era la gloria del primer templo, es para darnos una idea a nosotros los que vivimos hoy, de lo que viene para el milenio de paz, los que sobrevivamos tendremos vida y paz, no tendremos industrias como hoy, sino que viviremos como los granjeros en la tierra y comeremos lo natural de ella, será como volver al pasado pero con un corazón de niño.

Lo que ahora necesitamos para cultivar la tierra, como insecticidas para matar las plagas, abonos para obtener mejores frutos, maquinarias para trabajar mejor la tierra y no se obtiene la ganancia requerida, pero en aquel tiempo sembraremos poco y cosecharemos mucho, no comercializaremos con los frutos o animales, con los frutos todos los compartiremos nadie será dueño de nada, la palabra clave será agarra todo lo que necesites, nadie comerá carne en el reino, todos seremos vegetarianos, no necesitaremos hospitales, para los enfermos, ni cárceles y policías para los delincuentes como hoy, en esos días no habrá temor de nadie ni de nada, todos viviremos tranquilos, en verdadera paz, los humanos y los animales seremos amigos todo el tiempo, nadie casará a nadie, es casi un mundo perfecto, excepto porque todavía seremos humanos, estaremos sujeto a la naturaleza y a los deseos de la carne, como lo dice la Biblia que carne y Sangre no heredaran el reino de Dios, viajaremos de año en año a Jerusalén Israel y regresaremos felices y sanos después de ver al Señor Jesús.

FIN DEL MILENIO.

Durante el milenio de él Gran Rey de paz en Jerusalén Israel, todas las personas de todo el mundo iremos adorar al gran Rey Jesús de año en año, será un requisito para ser parte del Reino eterno, donde seremos felices y perfectos por la eternidad en el mismo cielo, más que en el milenio de paz, ese es el mundo que Dios a través de Jesucristo nos ofrece, aun el reino eterno es mucho mejor que este terrenal, el celestial, yo se que amamos la vida en este mundo y como que no estamos seguros de la vida en el cielo, pero la verdadera vida se encuentra en el cielo, donde no hay temor a nada ni prejuicios raciales, ahí no hay sombra de variación ni muerte, todo tiene vida en sí mismo, porque de Dios emana esa vida saludable para todas sus criaturas que viven en su presencia, después de los mil años Satanás será suelto, y saldrá a engañar una vez más a las personas, subirá contra el campamento de Jesús, pero fuego de Dios lo consumirá a él y a todos los que crean a su engaño, ahí comienza el fin del mundo, Ap 20:7-10.

El fin del mundo, es donde sucede la segunda resurrección, una resurrección para juzgar a todos los seres humanos que han vivido sobre la tierra, desde Caín hasta la ultimo persona que hubiere nacido en el milenio de paz, a todos estos Dios los levantara del polvo para Juzgarlos, porque dice que el pecador de cien años será maldito en el milenio de paz, Is 65:20. Esto quiere decir que habrá algunos que se cansaran del sistema del Reino de Jesucristo en la tierra, oportunidad que Satanás aprovechara para engañarles otras ves, cuando sea suelto después de los mil años de cautiverio.

JUSTO JUICIO DE DIOS.

Los que resuciten y les Juzgue según sus obras.

Serán lanzados a un lago de fuego y azufre, a esto se le llama la muerte segunda, y el que no se hayo escrito en el libro de la vida fue lanzado al lago de fuego, Ap 20:12-15, Luego la tierra y todas las obras que en ella hay serán quemadas, carreteras, ciudades, fabricas, maquinarias y toda la contaminación que él hombre ha creado, según sus trabajos y descubrimientos, la tierra necesita ser quemada y luego renovada por Dios, para poder ser habitada nuevamente, los justos heredaran la tierra para siempre y seremos como los ángeles de Dios. Seres inmortales poderosos en fortaleza, hoy los hombres se admiran cuando levantan unas libritas, Nosotros moveremos asteroides gigantes, de un lado para otro como superman, al servicio de Dios para siempre, nunca más sufriremos como hoy, viajaremos por los mundos sin fin, llevando la preciosa historia de Jesucristo, de cómo nos salvo, de un mundo sin esperanzas de vida destinado a la condenación eterna, pero gracias a Jesucristo y a su compasivo amor disfrutaremos de la vida eterna, al servicio de Dios como los santos ángeles.

Después del fin del mundo cuando se halla Juzgado a toda la humanidad, en el Juicio del gran trono blanco y nosotros los nuevos herederos del cielo, creo que estaremos muy felices, unas de las grandes sorpresas es poder ver el gran Dios y padre de nuestro Señor Jesucristo y padre Nuestro, en su gran trono de gloria. Gloría como la de el sol hoy día sobre toda la naturaleza de la tierra y a Jesucristo a quien hemos amado y adorado con todo nuestro corazón por la fe, a quien sea la gloria y la honra por los siglos de los siglos amen, otra de las sorpresas será ver con nosotros a nuestros seres queridos, padres, hijos, nietos hermanos, amigos, con quienes compartimos en la tierra de los vivientes. Ahí reiremos de felicidad. Sal 126:1-3. Hoy nuestra Sion, tipo de Jerusalén todavía esta cautiva y amenazada por los malignos.

VIVIENDO EN EL CIELO.

Parte del vasto universo no explorado por los humanos, y los mundos no conocidos con sus habitantes seres inmortales, que con gran reverencia se postran ante él gran Rey Jesucristo y le adoraran, y muchos de los grandes hombres de Dios, ahí se pararán y con la misma unción del espíritu santo, contaran las maravillas, de cómo fuimos salvos por la fe en el Señor Jesús, de un mundo destinado a la condenación eterna por la rebeldía de Satanás y de los hombres, de las grandes batallas que tuvimos contra Satanás y los demonios y como los vencimos en él nombre de Jesucristo él Señor, con el poder de su palabra como una espada, con su sangre preciosa que nos limpiaba dé todas las plagas y enfermedades y nos daba salud y vida.

Es probable, que después de algún tiempo en el cielo conociendo todas sus maravillas y viajando por los mundos no caídos, aprendiendo su nueva lengua en el cielo, porque no se hablan más lenguajes que uno, el lenguaje de Dios, al menos eso es lo que dicen los Judíos, que el idioma del cielo es el hebreo, y que Dios habló hebreo con Adán, Noé, Abraham y los Profetas, el resto de los idiomas o lenguas son una confusión. Gn 11:1-9. Es probable que tengan razón, pero la verdad la sabremos allá, mil años ó otros siete mil años más tarde volveremos a la tierra, para ese tiempo la tierra ya habrá sido renovada, por la mano de Dios, pues la palabra de Dios dice que los mansos heredarán la tierra, Mt 5:5. Sal 37:11. Veremos la maravilla de la nueva tierra, es probable que estemos presentes en la remodelación de la nueva tierra, como las estrellas ó ángeles alababan a Dios. Job 38:7.

LA TIERRA SERÁ NUESTRO HOGAR.

La tierra fue creada para ser habitada por el hombre, pero él hombre la ha destruido por sus ambiciones, la ha contaminado y manchado con la misma sangre del hombre, por eso la tierra tiene que ser quemada y luego renovada, para ser habitada de nuevo por los mansos, desde aquí veremos a Dios todo el tiempo, nunca más Dios estará oculto del hombre, su gloria y la del cordero nos alumbrara de día y de noche, pues no habrá noche, la tierra será parte del mismo cielo, no habrá problema para ir al cielo, porque viviremos en el corazón del cielo, el cielo es el trono de mi padre y la tierra es el estrado de sus pies, dijo Cristo, Mt 5:34-35, eso es exactamente el interior del cielo, el lugar de la morada de Dios.

La tierra será nuestro hogar por los próximos miles de años, desde aquí adoraremos al Dios y padre de nuestro Señor Jesús, viajaremos por los mundos contando nuestra historia, seremos seres perfectos, sin discapacidades, no como lo somos hoy, alcanzaremos niveles de vida como la vida de los ángeles de Dios, la presencia de Dios hará que todo tenga vida y vida eterna en nosotros, lo que comamos será vida, nada tendrá muerte, ignoraremos la muerte, después de algún tiempo ya no nos acordaremos más de la muerte, viviremos por la eternidad, tendremos comunión con Jesucristo por siempre, aunque estemos en el cielo, Jesucristo siempre estará cerca de nosotros para darnos amor, cuidado y las respuesta que necesitamos antes que se la pidamos, porque él conoce nuestros pensamientos y sabe todas las cosas, porque aún no está la palabra a mi lengua, y he aquí tu ya la sabes toda. Señor. Sal 139:4. Qué bueno, esto es como los que sueñan.

EL SIEMPRE ESTARÁ CON NOSOTROS.

El no nos abandonara por ningún momento, siempre estará con nosotros como un padre lleno de amor, enseñándonos las cosas por las que tengamos alguna inquietud, perfectos seremos delante de Dios y no habrá ninguna mancha de variación en nosotros, seremos felices por siempre, la tierra mide aproximadamente cuarenta mil millas a la redonda según la ciencia, eso será como un pequeño terreno para nosotros, más bien sería como un pequeño mal, que tiene un parque de diversión, unos cuantos juegos y lugares de comida, aunque todo este bien bonito y limpio, siempre queremos ir más allá, y esa será una de las grandes oportunidades que tendremos en el cielo, porque él, nos llevara a lugares inimaginables y donde quiera que estemos adoraremos a Dios él Padre y al Señor Jesucristo por siempre, Amen.

Uno de los misterios que muchos de nosotros no entendemos, es que creemos que Dios no parece estar interesado en nosotros, no sabemos dónde se encuentra Dios, él hombre natural quiere ver a Dios, como si Dios es un objeto natural y que está ahí para adorarlo, para esta vida Dios es espíritu y los que adoran en espíritu es necesario que adoren a Dios, Jn 4:23-24, en él nombre de Jesucristo de Nazaret, pero en la nueva tierra veremos a Dios, todo el tiempo, como los hombres lo han deseado ver, Ap 22:3-5, la cortina de humo que a hora no nos deja ver a Dios desaparecerá y esa cortina que es el pecado del ser humano desaparecerá para siempre. 2ª P 3:12-13. El cielo se desvaneció como un pergamino y entonces los hombres verán a Dios, Ap 6:14-17. Y vi un nuevo cielo y una nueva tierra, porque el primer cielo y tierra pasaron y todas las cosas fueron hechas nuevas, Ap 21:1. Es verdad Ap 21:5.

LA RAZÓN.

Toda esta historia. Pasada, presente y futura, está basada en la Sagrada Biblia.

Esta es la esperanza que ha mantenido viva la fe a muchas personas desde los primeros mártires como Esteban hasta hoy, Hch 8:54-60, y no solo de Esteban hasta hoy, sino mucho más tiempo atrás de Jesucristo, de entre todas las tribus y pueblos de la tierra, había un pueblo, que adoraba a ese Dios, llamado Jehová, por los gentiles y YAHWEH por los Judíos, estos Judíos, son los únicos que conocían a ese Dios no conocido, como lo dijo el apóstol Pablo cuando llego Atenas, Hch 17:23, ese es el Dios que creemos que es el creador del universo y la tierra, de todo lo que tiene vida, por medio de Jesucristo su hijo, quien prometió volver cuando el mundo este en caos y ya estamos viviendo ese caos en el mundo, masacres, vandalismo, violencia, guerras y rumores de guerras, injusticias, inmoralidades, pestes y sobre todas las cosas, Israel ya está en su tierra para construir el tercer templo, donde se sentará el falso Mesías, al cual el Señor Jesús matara con el resplandor de su venida y con el espíritu de su boca, 2ª Tes 2:3-4, 2ª Tes 2:8. Y para dar una respuesta a aquellas personas que esperan en él.

CREDITOS.

Del libro "esperanza para después del mañana".

Todos los temas, fueron estudiados cuidadosamente por José Velasco, quien ha sido Pastor en la Iglesia Metodista Unida y Pastor asistente en la Iglesia Apóstoles y Profetas.

Mi deseo es advertirte del peligro que se nos acerca y de cómo prepararnos para ese gran evento, sea que nos guste o no llegara en cualquier momento de nuestra existencia.

Pg #1,2 Contenido

Pg # 3 Sócrates, visto en Wikipedia, la enciclopedia libre internet.

Pg # 7 Epifanías visto en el diccionario, Bíblico Ilustrado, holman pg #552.

Pg # 8 El fin del mundo, NATGEO.mundo visto en youtube.

Pg #11 Terremoto en Sn Francisco agosto 2014 visto en youtube.

Pg #12 Bunkers, armas, y vehículos blindados, visto en

NATGEO.mundo, en la serie como sobrevivir al fin del mundo.

Pg #14 La Inquisición Católica, visto en la película

Inquisición Romana, youtube y en el libro historia

del Cristianismo, pg125-127.

Pg #15 Campos de concentración Nazis, visto en la película de la segunda

Guerra mundial, en youtube, el sufrimiento Judío.

Pg #18 Israel la tierra más segura, visto en youtube por

Breslev.co.il

Pg #22 Grande desastres, visto en history Channel,

Pg #23 Sodoma y Gomorra visto en youtube por Michael

Rood en un rudo despertar.

Pg #25-27 Casamiento entre dos personas, del mismo sexo.

Visto en youtube por hunberto payno, y otros medios

de TV, como Unívisión y Telemundo.

Pg #33-35 Premilenialistas, amilenialistas, y postmilenialistas.

visto en el Diccionario Bíblico Ilustrado Holman, pg 1083 y 1084

Pg #38 La historia del Pueblos de Israel, y el fin de la

Gracia de Dios, para el mundo, basado en Rm, 11.

Pg #39 El verdadero nombre de Dios, visto en youtube.

Por Michael Rood, un Rudo despertar.

Pg #40 Brutalidad policial, visto en youtube. Un niño de 7 años es arrestado

en NYC. Visto en Telemundo 47 y al punto con Jorge Ramos.

Pg #40 Israelí Mosad training camp, in New York, visto en youtube.

Pg #42 Los problemas que hubieron después de los Terremotos, Haití, Chile,

Japón, el salvador y Otros Países que no voy a mencionar.

Pg #46 Los Hombres se preparan, para sobrevivir, en

caso de una catástrofe, NATGEO.mundo

Pg #48 Los Ríos y lagos más grandes del mundo.

Visto en Google Map, y Auschwitz visto en youtube.

Pg #50 Armas caseras, por José Velasco,

Pg #52 Más de cuatro mil millones de cristianos, en todo

el mundo.

Pg #53 Los problemas que se dieron en Haití y

New Orleans EEUU, visto en youtube y

NBC desperation at the Convention Center

for Andy marquislive. NBC en youtube

Pg # Todos los textos de la Biblia, han sido tomados de

la Biblia Reina Valera 1960, el resto de la

Escritura ha sido hecho por José Velasco.

CONSEJOS QUE PUEDEN SER DE UTILIDAD.

Si te sientes triste, cuenta un chiste o haz una tontería que te haga reír a ti y a los demás, el asuntos es que cambies de ánimo, eso es lo que dicen los rabinos Judíos, a Dios le gusta que toda su creación éste contenta y agradecida con El. La Biblia nos dice, si alguien esta triste Ore, si está contento, cante alabanzas a Dios.

Si la Policía te detiene, no tengas miedo, detente a la orilla de la carretera, normal, levanta las manos al cielo, tú y los que estén contigo oren a Dios que el policía no se vaya a equivocar y los confunda con otra persona, ellos están muy precavidos por todo lo que está pasando, Dios les bendiga.

Si te sientes ansioso por hacer algo incorrecto.

Primero camina alrededor de dónde vives, respira profundo cien veces, luego has ejercicio, cien de pecho, cien abdominales, siéntate y relájate, ora a Jesucristo confiésale tu inquietud, dile que te ayude a controlar tus pensamientos y tu carácter, dale gracias por ese aire que respiras, el agua que tomas, la familia que te rodea y lo bueno de vivir en un mundo tan precioso.

Si tus amigos te quisieren invitar a ingerir licor u otras sustancias prohibidas, piensa, "si lo hago estoy defraudando a mi familia que me ama y que quieren todo lo mejor para mi, a Dios, quien me ha bendecido con todo lo que tengo y lo que soy y a las autoridades quienes me harán pasar una pena y dolor".

Honra a tu padre y a tu madre para que te vaya bien en la vida y tengas larga vida, uno de los problemas más grandes de la sociedad es que no están honrando a sus padres, los hijos deben de honrar a sus padres con lo que Dios les da, de cada dinero ganado, para recompensar ese amor y cuidado que nos dieron cuando éramos niños, un diez por ciento debe ser para mis padres, eso hará que Dios te bendiga más y tengas en abundancia, Mt 15:4-9.

Por José Velasco.

¡¡Esperanza para después del mañana!!

Es un titulo dedicado a la fe y a la esperanza que tenemos de un mejor tiempo.

Después de la tormenta, la enfermedad o de algún problema por el cual estemos pasando!

CREDO CRISTIANO

Creo En solo Dios, Padre Todopoderoso, creador del cielo y de la tierra y de todas las cosas visibles e invisibles; y en un solo Señor Jesucristo, Hijo unigénito de Dios, engendrado del Padre antes de todos los siglos, Dios de Dios, luz de luz, verdadero Dios de verdadero Dios, engendrado, no hecho; consubstancial con el Padre; por quien todas las cosas fueron hechas; quien por nosotros humanos y para nuestra salvación descendió del cielo; y fue encarnado por el Espíritu Santo de la Virgen María y se hizo hombre; y por nosotros fue crucificado bajo Poncio Pilatos; padeció y fue sepultado y resucitó al tercer día según las escrituras, ascendió al cielo y está sentado a la diestra de Dios; y vendrá otra vez en gloria a juzgar a los vivos y a los muertos; y su reino no tendrá fin.

Y creo en el Espíritu Santo, Señor y dador de la vida, procedente del Padre y del Hijo, que con el Padre y el Hijo debe ser adorado y juntamente glorificado; que habló por los profetas.

Y creo en una sola Iglesia, santa universal y apostólica. Y reconozco un solo bautismo para la remisión de pecados; y espero la resurrección de los muertos y la vida del mundo venidero. Amén.

Para Información:

P.O. BOX 3302
Providence, RI
02909
USA

Printed in the United States
By Bookmasters